Klopfakupressur im Schulalltag

Ich will, ich kann, ich werde!

1. Auflage 2021

Inhalt: Anna Novak
Coverbild: © mikemols, SimpLine - AdobeStock.com
Redaktion: Kohl-Verlag
Grafik & Satz:Kohl-Verlag
Druck: farbo prepress GmbH, Köln

Bestell-Nr. 12 462

ISBN: 978-3-96624-198-4

Bildquellen © AdobeStock.com

S. 4: © pixelliebe, pamela_d_mcadams; **S. 5:** © pamela_d_mcadams; **S. 9:** © ssstocker; **S. 10:** © studiostoks; **S. 11:** © Winne; **S. 13:** © katerina_dav; **S. 15:** © nyamol; **S. 16:** © stockpics; **S. 18:** © snyGGG; **S. 19-21:** © Monika Wisniewska, Linh; **S. 30:** © xyz+; **S. 35+49:** © ~ Bitter ~; **S. 38/39:** © strichfiguren.de; **S. 44:** © Trueffelpix; **S. 45:** © Sergey Nivens; **S. 46:** © Barbara-Maria Damrau; **S. 54:** © vectorfusionart; **S. 54:** © SpicyTruffel

Inhalt

Inhalt

Seite

Hinweis:
Dieses Buch wurde aus dem ♥ für DICH und nach bestem Wissen und Gewissen geschrieben. Wenn Du diese Methode anwendest, liegen Ergebnisse nicht in der Verantwortung der Autorin oder des Verlags. Und auch die Verantwortung für Dein körperliches und emotionales Wohlbefinden liegt vollkommen bei Dir. Klopfakupressur ist eine sanfte Selbsthilfemethode. Falls Du aber schwere emotionale Störungen hast, solltest Du professionelle Hilfe in Anspruch nehmen. Es kann sein, dass Du in Tränen ausbrichst wenn sich Emotionen lösen. Das ist meist sehr befreiend. Während des Klopfens kann es sein dass du immer wieder gähnen musst. Lass dies zu und unterdrücke es nicht. Es kann aber auch sein, dass man sehr müde ist und sich nach mehr Schlaf sehnt. Die Träume können lebhafter werden. Das sind an und für sich gute Anzeichen und diese vergehen innerhalb von 1-2 Tagen. Diese Methode ersetzt keinen Arzt und keine Psychotherapie. Die Autorin und der Verlag wünschen Dir von Herzen gutes Gelingen und viel Erfolg auf Deinem weiteren Lebensweg!

Ich habe eine Vision

Ich sehe Kinder, die ausgelassen lachend und entspannt in die Schule gehen. Freundliche, motivierte Lehrer, die sich auf ihre Schüler und Schülerinnen freuen. Jeder Schüler, jede Schülerin lebt sein/ihr Potenzial, kann seine/ihre Schwächen annehmen und zu Stärken umwandeln und eine starke, gefestigte Persönlichkeit werden, die als Erwachsener glücklich durch das Leben geht und verantwortungsbewusst ihren Beitrag zum gesellschaftlichen Leben beiträgt.

Ich sehe Kinder und Jugendliche, die Spaß am Lernen haben, die neugierig auf das Leben sind und auf all die Wunder, die ihnen das Leben zu bieten hat.

Ich sehe diese Kinder und Jugendlichen, die den Lernstoff spielerisch aufsaugen wie ein Schwamm das Wasser. Wie sie auf positive Weise mit diesem Wissen umgehen und es ganz leicht in ihren Wissensspeicher integrieren können.

Ich sehe Kinder und Jugendliche, die sich gegenseitig beim Lernen und bei ihren persönlichen Problemen unterstützen.

Ich sehe Lehrer und Lehrerinnen, die ihre Schüler und Schülerinnen fördern und fordern, unterstützen und wohlwollend betrachten und die ihre Arbeit als sinnvoll, wertvoll und erfüllend wahrnehmen.

Ich sehe Eltern, die Vertrauen in ihre Kinder haben, die keine Sorgen mehr haben, ob ihre Kinder es schaffen werden oder nicht. Ich sehe Stolz in ihren Augen und Freude, dass ihre Kinder es selbst in der Hand haben, wie sie mit der Schule umgehen. Ich sehe aber auch Eltern, die bereit sind von ihren Kindern zu lernen und beide davon profitieren.

Ich sehe die Schule als einen Ort des Zusammenhaltes, der Kommunikation, der Freude und der Wissensvermittlung. Eine Schule, die ihre Kinder guten Gewissens in das Leben hinauslassen kann, in dem sie ihre Erfahrungen machen können und dabei auf einen Grundstock von Liebe, Verständnis und Vertrauen ins Leben zurückgreifen können.

Das alles sehe ich und möchte mit diesem kleinen Büchlein dazu beitragen.

Euer Beitrag dazu ist es, diese Technik anzuwenden, lasst sie in Fleisch und Blut übergehen, inhaliert sie und wendet sie auch in anderen Bereichen eures Lebens an, um das Gute in euer Leben zu ziehen.

Viel Freude damit!

Born to be happy – not perfect

Vorwort

Liebe Kolleginnen und Kollegen,

dieses Buch soll zur Unterstützung ab der Volksschule und für den weiteren Bildungsweg wertvolle Dienste leisten.

Klopfakupressur ist kinderleicht einzusetzen und ist ganz einfach anzuwenden.

Hauptsächlich ist dieses Buch zur Selbstanwendung für Kinder und Jugendliche gedacht, kann aber auch Unterstützung für den weiteren Bildungs- und Lebensweg sein. Wenn das Prinzip klar ist, dann ist es ganz einfach. Es werden aber auch einige Anregungen für Eltern enthalten sein, bezüglich Ängste, Überforderung etc. Wenn Eltern ihre Themen beklopfen, wird sehr oft Druck von den Kindern und Jugendlichen genommen und das kann sich sehr erleichternd auswirken.

Wir wünschen große Erleichterung und Spaß beim Klopfen, das Team des Kohl-Verlags und

Anna Novak

Wenn du nicht lernen willst,
kann niemand dir helfen.
Wenn du unbedingt lernen willst,
kann niemand dich aufhalten.

1 Eine kleine Einführung

Du bist das wunderbarste auf der Welt!!
Ist dir das bewusst?

Du hast dich schon durchgesetzt als du eine kleine Spermie warst und hast sozusagen das Rennen gewonnen, um auf diese wunderbare Welt zu kommen. Hier hast du eine riesengroße Spielwiese auf der du dich ausprobieren und experimentieren kannst. Du kannst Freundschaften schließen, die Liebe erfahren, Gutes tun, dich zu einem prachtvollen Menschen entwickeln, der das Gelernte auch an seine Kinder weitergeben kann.

Unser Körpersystem ist ziemlich komplex.

Wir haben einen Körper, den man sehen und fühlen kann und ein Energiesystem, das wir nicht sehen, aber sehr wohl fühlen können. Energie bewegt sich durch unseren Körper durch Energiebahnen – sogenannte Meridiane. Wenn die Energie frei durch diese Bahnen fließen kann, dann fühlen wir uns wohl – sind diese Bahnen blockiert, dann geht es uns nicht so gut.

Stell dir diese Bahnen wie einen Fluss vor in dem das Wasser ungehindert fließen kann. Dann gibt es plötzlich Blockaden in Form von Felsbrocken die im Wasser liegen. Das Wasser muss sich um den Felsen herumwinden und fließt nicht mehr frei. In dem Fluss kann es eine große Rolle spielen und in unserem Energiesystem auch.

Deine Gefühle beeinflussen den Energiefluss in deinen Meridianen. Positive Gefühle wie Freude, Zufriedenheit, Dankbarkeit, Liebe lassen die Energie frei fließen – sogenannte negative Gefühle wie Wut, Trauer, Angst, Hass, Neid blockieren oder stören den Energiefluss.

Nun möchte ich aber diese negativen Gefühle nicht verurteilen, da sie ganz wichtig sind für uns. Sie dienen uns als Wegweiser!! Bin ich in der Angst vor einer Schularbeit gefangen, so gibt mir das Gelegenheit zu überdenken warum ich Angst habe. Habe ich zu wenig gelernt, verstehe ich den Stoff nicht, bin ich gerade mit anderen Dingen beschäftigt, die mich mehr in Anspruch nehmen? Und dann beginne zu klopfen. Die Angst wird sich auflösen und du wirst wissen, was du zu tun hast. Vielleicht triffst du dich mit einem Schulkollegen und übst noch etwas oder du gönnst dir 2 Stunden Auszeit und machst dann weiter. Wenn die Angst weg ist, kannst du wieder viel besser lernen.

Und denke daran, angesagte Katastrophen treten fast nie ein. Lass dich auch nicht durch Aussagen wie „Die Schularbeit wird schwer werden." „Wer weiß, ob du genug gelernt hast." verunsichern!!! Denk dir, das ist nur die Meinung des anderen und ich weiß es ganz einfach besser – ich bin gut vorbereitet und gebe mein Bestes. (Natürlich nur, wenn du wirklich gelernt hast und gut vorbereitet bist.) Die Meinungen anderer können dich nämlich beeinflussen und du glaubst dann vielleicht was sie sagen und fühlst dich dann unwohl damit. Falls dies aber doch passiert, hast du es ja gut. Bleib bei dem Thema und klopfe (dich), bis du dich wieder wohl fühlst.

Also, ganz wichtig: Positive und negative Gefühle sind „gleichwertig", denn beide zeigen uns, ob wir uns auf dem richtigen Weg befinden!

Leider können viele Erwachsene mit ihren negativen Gefühlen nicht umgehen und können dies daher auch nicht an ihre Kinder weitergeben. Das Übel liegt darin, dass

KOHL VERLAG Klopfakupressur im Schulalltag – Bestell-Nr. 12 462

diese Gefühle verurteilt, am liebsten nicht gefühlt und weggeschoben werden. Die Lösung liegt darin, sich bewusst zu werden: „Okay, ich habe jetzt diese Wut/Traurigkeit/Angst (oder welches Gefühl auch immer auftaucht) in mir und es ist gut so, weil dieses Gefühl mir zeigt, dass ich nicht auf dem richtigen Weg bin." Fühle die Wut/Traurigkeit/Angst, die mit dem Thema verbunden ist und klopfe.

Du bist nämlich der Boss in deinem Körper und du sagst wo es lang geht.

Es kann dich kein anderer ärgern, das machst du ganz von alleine. Oder denkst du, dass der andere zu dir sagen kann, so, jetzt musst du dich ärgern, weil ich es so will. Nein!! Das funktioniert so nicht. Wir ärgern uns freiwillig und weil wir uns ärgern wollen. Aber der andere kann einen Anstoß geben mit einer Aussage oder Handlung, die diese Gefühle in uns auslösen. Dann sollten wir uns genau ansehen, warum wir mit Angst, Wut etc. reagieren. Und … du weißt schon … klopf, klopf.

Empfehlung: DVD „Alles steht Kopf"
Sehr sehenswert – da wird gut erklärt, was in unserem Bewusstsein, Unterbewusstsein, in unserer Gefühlswelt so abgeht.

Wenn du Angst hast vor einer Schularbeit und du hast dann wieder Angst bei der nächsten, dann wird das immer schlimmer, wenn du diese Angst nicht bearbeitet hast. Die Angst wird immer mehr und blockiert letztendlich dein Denken. Dann kommt Versagensangst dazu und das Ganze wirkt wie ein Riesenfelsen im Energiefluss. Wenn du aber bei den ersten Anzeichen anfängst zu klopfen, dann kann es erst gar nicht so weit kommen. Du wirst dich gut fühlen und ganz einfach machen, was gemacht werden soll.

Konzentriere dich nicht auf das, was schiefgehen könnte, sondern auf das, was du möchtest. Wenn Gedanken kommen wie „das schaffe ich nie", dann sage zu dir „Ok, der Gedanke ist da, ich muss ihn aber nicht weiterverfolgen – ich kann auch an mich glauben und das Beste erwarten." Und dann mach etwas anderes – bleib nicht darin hängen. Es liegt ja an dir selbst, ob du eine Schularbeit nervig findest oder einfach nur eine Möglichkeit des Lehrers, um festzustellen, wo du im Lernprozess stehst.

Test:

Konzentriere dich auf deinen Körper und finde eine Schularbeit nervig – du wirst bemerken, wie sich dein Körper zusammen zieht, wie du vielleicht Angst spürst, einen Druck im Bauch oder Hals etc. Dann denke dir, dass die Schularbeit eine Möglichkeit des Lehrers ist um festzustellen, wo du im Lernprozess stehst – spüre in deinen Körper hinein – wenn du genug gelernt hast und der Stoff sitzt, wirst du ganz andere Gefühle haben als vorher. Merkst du den Unterschied, wie unterschiedliche Denkweisen dein Wohlbefinden beeinflussen?

Wenn bei der zweiten Möglichkeit aber Gedanken auftauchen wie „Gut, der Lehrer möchte wissen, wo ich im Lernprozess stehe, ich habe aber in den letzten Wochen zu wenig mitgearbeitet, habe keine Hausaufgaben gemacht und eigentlich kenne ich mich nicht wirklich aus". Dazu passende Gefühle wirst du dann auch haben. Beklopfe erst mal alles was da ist. Dann klemm dich dahinter – lerne, eventuell mit Schulkol-

legen, schau wo du dir Hilfe holen kannst. Setze alles daran was dir möglich ist um Sicherheit für die Schularbeit zu bekommen.

Wir sind ähnlich einem Computer – alles ist Information und Energie. Die Energie folgt der Aufmerksamkeit. Dort wo du die Energie hin sendest, wird sich das aller Wahrscheinlichkeit nach erfüllen. Energie in Form von Aufmerksamkeit und Gefühlen. Das heißt aber auch, wenn du viel Angst in das Thema Scheitern hineingibst, na du weißt schon ...

Schaue, dass du so entspannt wie möglich sein kannst. Da kommen dann die Ideen und die Kreativität. Wenn du deine Zunge am Gaumen oben hast, bist du in der Anspannung – dein Körper – dein ganzes System ist angespannt. Hast du die Zunge unten, also mit der Zungenspitze leicht an die unteren Zähne ankommend liegen, bist du in der Entspannung und es geht vieles leichter. Das kannst du in allen Lebenslagen anwenden!! Etwas Anspannung ist ja ok, aber ist dein Denken blockiert, ist es nicht mehr hilfreich. Denk jetzt nicht „Huch, ich darf nicht angespannt sein und keine Angst haben", das wird nicht funktionieren – denn da setzt du dich unter Druck.

Deine Gedanken und Gefühle formen deine Umwelt – deine Welt. So wie du über etwas oder jemanden denkst, so wird sie oder derjenige sich auch sehr oft verhalten.

Wenn du z. B. denkst, dein Sitznachbar ist streitsüchtig, dann wird das für dich so scheinen. Wenn du aber in der Art wie er/sie dabei vorgeht sehen könntest, dass derjenige kommunikationsfähig und konfliktbereit ist, dann siehst du das Gute darin und wirst ganz anders reagieren können.

Hier noch einige Beispiele: (auch für Eltern und Lehrer)

Aus einer anderen Perspektive gesehen

unruhig – lebhaft
redefaul – in sich ruhend, beobachtend
schlampig – auf das Wesentliche konzentriert
verlogen – kreativ, phantasievoll
unverständlich – neu, anders
unpünktlich – eigener Zeitbegriff
unartig – erfinderisch, lebendig
unfolgsam – eigene Meinungsbildung
ungeduldig – schnell, spontan, dynamisch
ungerecht – eigenes Wertesystem
stur – konsequent
selbstherrlich – liebt seine Einzigartigkeit
schlimm – Ideenreich
faul – entspannt, ruhebedürftig
arrogant – selbstsicher

Also du verstehst was ich meine. Finde den guten Kern! Ändere deine Einstellung, lasse eine andere Sichtweise zu, und du wirst erstaunt sein, wie sich die Person dir gegenüber verhalten wird bzw. wie sich die Situation verändert. Vielleicht braucht es etwas Übung, aber es lohnt sich. Ich habe einmal in einem Seminar gelernt, dass ich immer etwas Liebenswertes oder nettes an der Person mir gegenüber finden sollte.

1 Eine kleine Einführung

Ich kann mir denken – der kann das aber gut, oder er/sie hat schöne Haare, wunderbare Augen, schöne Hände etc. Die positive Energie kommt auf jeden Fall beim anderen an ohne dass du etwas sagen musst. Wichtig ist auch, dass du es auch so meinst – es findet sich meistens etwas was gut am anderen ist.

Der andere wird sich angenommen fühlen und das ist schon ein Schritt in die richtige Richtung. Natürlich gibt es aber auch Menschen, bei denen fruchtet es nicht, aus welchen Gründen auch immer. Da gilt es für uns daraus zu lernen, aber auch eventuell den Kontakt nach Möglichkeit abzubrechen.

2 Was bedeutet „klopfen“?

Das bedeutet es nicht!

Beim Klopfen werden vorgegebene Punkte auf bestimmten Energiebahnen (Meridiane) beklopft, während man an ein bestimmtes Thema denkt oder es ausspricht. Dabei werden emotionale, psychische oder körperliche Beschwerden, Themen, Probleme gelöst bzw. gelindert.

Die Klopfakupressur geht davon aus, dass alles Information und Energie ist. Gibt es ein Problem so ist der Informations- und Energiefluss gestört.

Indem wir das Problem **erkennen** und **anerkennen**, gehen wir einen Schritt weiter und beklopfen die Meridiane während wir ganz beim Thema sind, sowohl mit unseren Gedanken als auch mit unseren Emotionen. Wir geben neue Informationen in das Energiesystem und unser Bewusstsein, ändern die Emotionen und können neue, bessere Wege erkennen bzw. gehen. Anerkennen ist ganz wichtig – nur wenn wir es anerkennen, kann es sich in der Folge ändern. „So ist es jetzt – aber ich will jetzt etwas anderes.“

Dazu ist schon einiges geschrieben worden. Wer sich näher damit auseinander setzen möchte kann dies gerne machen. Da gibt es wirklich gute Literatur.

Dieses Buch soll ein Arbeitsbuch sein und ein umfassendes Wissen dazu, warum Klopfakupressur funktioniert, ist nicht unbedingt notwendig. Wer sich mehr dafür interessiert kann das Wissen aus Büchern, Workshops oder in Einzelsitzungen vertiefen.

3 Hurra Schulanfang

VOLKSSCHULE

Leider reden noch immer viele Erwachsene vom „Ernst des Lebens“ und drohen sogar mit der Schule. Das ist grober Unfug – um nicht zu sagen fahrlässig!!

Jedes Kind lernt leicht und gerne!

Was hast du alles in den ersten 6-7 Jahren deines Lebens gelernt: krabbeln, gehen, reden, vielleicht schon das 1 x 1 und einige Wörter in Bilderbüchern lesen, Brötchen vom Bäcker holen, wie du dich im Straßenverkehr verhalten sollst, Schwimmen, Radfahren, Eislaufen, Skifahren, Fußball spielen und noch vieles mehr.

Also, ich nehme an, dass dir das meiste Spaß gemacht hat und wenn es nicht gleich funktioniert hat, hast du nicht aufgegeben, sonst könntest du heute noch nicht reden oder laufen. Die Übung hat den Erfolg gebracht! Und du hast ein tolles Durchhaltevermögen bewiesen!!

Nochmals: JEDES KIND LERNT LEICHT UND GERNE!

4 Für Eltern

Liebe Eltern, bitte arbeitet mit euren Kindern, bis sie selbst lesen und die Klopfakupressur in diesem Buch alleine anwenden können. DANKE!

Jedes Kind wird durch alles in seiner Umgebung beeinflusst, sei es jetzt durch die Familie, Kindergarten, Freunde, dann in der Schule durch Lehrer/Lehrerinnen, Schulfreunde etc. und wird dadurch geformt. Nicht immer auf förderliche Art und Weise. Ängste und Befürchtungen aller Art können das Kind negativ beeinflussen.

- Ist mein Kind in der Schule gut aufgehoben?
- Was ist, wenn es im Unterricht nicht mitkommt?
- Was soll dann aus ihm werden?
- Mein Kind ist eher sprachlich begabt – mit Mathe hat er/sie es nicht so!
- Er/sie ist keine Sportskanone!
- Mein Kind ist da genauso wie ich oder mein Ehepartner – der war in der Schule auch eine Niete.
- Hoffentlich schreibt er/sie eine gute Note.
- Ich hab´s gleich gewusst – er/sie kommt da nicht mit.
- Das ist zu schwer.
- Immer vergisst er/sie etwas.
- Auswendig lernen liegt ihm/ihr nicht.
- Wenn du wenig fragst, kommst du am besten durch.
- Etc.

Kennen Sie diese Befürchtungen bzw. haben Sie diese schon Ihren Kindern gegenüber geäußert? Aber es genügt ja schon wenn Sie es denken. Wie Sie über Ihr Kind denken so wird es sein. Die Energie und Information kommt auf jeden Fall bei Ihrem Kind an. Befürchtungen sind immer mit sehr starken negativen Gefühlen aufgeladen und beeinflussen dementsprechend.

Wie wäre es, wenn Sie Folgendes denken würden - wäre das für mein Kind förderlicher? – entscheiden Sie selbst. Und wenn es nicht so ist, beklopfen.

- Mein Kind ist in der Schule gut aufgehoben. Ich habe mit der Lehrerin gesprochen und hatte ein gutes Gefühl. (Falls sie ein schlechtes Gefühl hatten, sollten Sie es hinterfragen und etwaige Kommunikationsprobleme aus der Welt schaffen. Falls dies nicht gelingt klopfen und wenn es dann noch immer nicht passt, Kindergarten bzw. Schule eventuell wechseln.)
- Ich vertraue darauf, dass mein Kind gut im Unterricht mitkommt.
- Sprachlich ist mein Kind sehr begabt – Mathe liegt ihm aber auch und ich kann es dabei unterstützen.
- Oder, Mathe liegt ihm/ihr nicht so, aber mit der nötigen Unterstützung kann es gelingen.
- Bewegung macht meinem Kind Spaß und ist gesund und ich kann dabei auch gleich mitmachen.
- Mit keinem aus der Familie vergleichen, der nicht gut war in der Schule, wenn Sie aber einen Pluspunkt entdecken, dann einhaken: „Onkel Karl konnte das auch recht gut.“
- Er/Sie gibt sein/ihr Bestes, was immer dabei herauskommt.
- Das ist jetzt nicht ganz leicht, aber setzen wir uns in Ruhe damit auseinander oder klopfen wir einige Runden.

- Frage deine Lehrer, wenn du etwas nicht verstehst – sie freuen sich, dass du am Unterricht teilnimmst.
- Und bitte schimpfen Sie nicht auf die Lehrkräfte vor Ihrem Kind – Sie erzeugen dadurch nur Abwehr - suchen Sie das Gespräch mit dem Lehrer wenn nötig - wenden Sie KA (= Klopfakupressur) an.
- Du schaffst das schon!
- Gib einfach ab was du gelernt hast.
- Diesmal hat es nicht funktioniert, beim nächsten Mal wird es besser – schauen wir, woran es gelegen hat. Und suchen Sie dann nach Lösungen – gemeinsam mit dem Kind.
- Zeigen Sie Ihrem Kind, dass Lernen Freude macht. Wir sollten ohnehin lebenslang lernen – warum nicht mit Freude.
- Wenn Sie wollen, dass Ihr Kind in Rechtschreibung gut wird, dann lesen Sie in seiner Gegenwart. Wenn Sie in Ihrem Kind die Liebe zum Lesen wecken wollen, sollten Sie ihm dies vorleben.

So kann die Klopfakupressur wirken. Wenn der Stress aus dem Körper bzw. dem ganzen System ist, dann wird der Mensch kreativer und in seiner Kraft sein. Das Denken fällt leichter und es steht mehr Energie zur Verfügung. Ich wundere mich immer wieder, wie müde die Kinder aussehen, wenn sie zur Schule fahren. In diesem Zustand lernen ist sicher nicht einfach. Die Aufnahmefähigkeit kann immens darunter leiden.

4 Für Eltern

Ein zu viel an Stress macht krank. Der Körper verspannt sich, die Durchblutung funktioniert nicht richtig, das Kind kann nicht mehr konzentriert denken. Ängste führen ebenfalls zu Verspannungen. Die Kinder stehen unter Druck und manchmal geht es ganz einfach nicht in den Kopf hinein. Das liegt natürlich auch an der Unterrichtsweise. Wir alle nehmen über unsere Sinne wahr. Über Sehen, Hören, Riechen, Tasten. Manche Kinder nehmen über die Ohren zwar das Gesagte wahr, verstehen es aber nicht, da ihnen ein Bild dazu fehlt. Andere sehen ein Bild, brauchen aber Erklärungen dazu. Wenn eine Information über einen Kanal hineinkommt, der bei dem Kind nicht so entwickelt ist, dann wird das Verständnis fehlen.

Ich habe auch schon bei Kindern getestet, dass sie auf einige Zahlen mit Stress reagiert haben. Das ist für Mathematik nicht gerade förderlich. Bei Buchstaben ist es genauso.

Warum gibt es so viele Probleme in den Schulen?

Jugendliche, die mit 15 Jahren aus der Schule scheiden und nicht sinngemäß lesen und nicht gut rechnen können. Die nicht motiviert sind überhaupt etwas zu machen. Fehler dürfen keine gemacht werden, sonst gibt es Stress in der Schule und dann mit den Eltern. Schon bei den Hausübungen ist dies der Fall. Aber die Hausübungen sind dazu da, dass das Kind das Gelernte übt und festigt. Warum dürfen keine Fehler gemacht werden? Das habe ich mich immer schon gefragt, wir lernen ja auch aus Fehlern.

Der Lehrer sollte die Hausübungen mit den Kindern durchgehen und für Fragen bereitstehen. Fehler sollten besprochen werden, ohne die Kinder runter zu machen und vor der Klasse dumm dastehen zu lassen. Ein gemeinsames Erarbeiten ist sicher zielführender. Es geht wohl um die Qualität des Wissens und nicht um die Quantität.

Schlechte Noten, Ärger mit Lehrer und Eltern, das Gefühl, plötzlich nichts mehr zu können, vielleicht ist man auch noch dem Gespött der Schulkollegen ausgesetzt etc. – das alles kann einem die Freude am Lernen und der Schule schon vermiesen.

Wie wird es sich fortsetzen? Ich nehme an, in der Ausbildung und im Berufsleben wird es nicht anders sein. Das können wir uns aber nicht wirklich für unsere Kinder wünschen!

4 Für Eltern

Vielleicht ist Ihnen schon selbst bei sich aufgefallen, immer wenn Sie etwas Neues gelernt haben, gab es zuerst Verwirrung bis es sich gefestigt hat. Das ist ganz normal. Unseren Kindern geht es nicht anders. Der Stoff sitzt – die Verwirrung schlägt manchmal zu und plötzlich weiß man gar nichts mehr. Es wird dann gerätselt, ob zu viel oder zu wenig gelernt wurde und Aussagen wie „Ich verstehe das nicht - ich wusste alles und dann habe ich plötzlich alles durcheinander gebracht oder vergessen.“ Schlimm, aber nicht tragisch. Klopfen kann helfen.

Einstimmungssatz

Thema einschätzen auf einer Skala von 0-10 (0 kein Problem – 10 starke Belastung)

„Auch wenn ich jetzt ganz verwirrt bin und ich eine Leere in meinem Kopf habe und von dem Stoff absolut gar nichts behalten habe, so bin ich doch ok und weiß, dass das Gelernte in mir ist und ich es nur abrufen muss.“ **Diesen Satz 3x wiederholen und dabei mit Zeigefinger bis kleinem Finger oder mit der flachen Hand die Handkante der anderen Hand klopfen.**

Kurzform: Diese Verwirrung
diese Leere in meinem Kopf
ich weiß ABSOLUT GAR NICHTS MEHR von dem Gelernten
ich bin so was von dumm
alles ist weg
der ganze Lernstoff einfach weg
das kann ich nie wieder aufholen
usw.

Sage einfach alles was hochkommt und **klopfe dabei die Punkte, wie ab Seite 19 des Buches angegeben.**

Wenn die Einschätzung auf der Skala (0-10) schon ziemlich unten ist, eine weitere Möglichkeit

diese Verwirrung
ich entscheide mich, diese Verwirrung jetzt gehen zu lassen
diese Leere in meinem Kopf
ich lasse zu, dass das Gelernte wieder abrufbereit ist
ich bin der doofste überhaupt
ich lasse zu, dass meine gewiefte und kreative Seite das Ruder übernimmt
der ganze Lernstoff ist weg
hurra, der ganze Lernstoff darf wieder zur Verfügung stehen
usw.

Sei selbst kreativ und **klopfe abwechselnd die Punkte**

Wenn geschimpft wird, kommt das Kind nicht aus dem Tief (Verwirrung) heraus und oft verfestigt es sich noch. Dazu kommt dann, dass es denkt, nicht gut genug zu sein. Da hilft Verständnis und Ruhe der Eltern. Wenn die Eltern ihre Ängste auf das Kind übertragen ist das wenig hilfreich.

KOHL VERLAG Klopfakupressur im Schulalltag – Bestell-Nr. 12 462

5 Wie funktioniert Klopfakupressur?

1. Definiere das Thema – frage dich „Was macht es mit mir“ Fühle!!
2. Schätze den aktuellen Belastungslevel auf einer Skala von 0-10 ein. 0 = belastet mich gar nicht, 10 = ganz starke Belastung
3. Klopfe die Handkante und sage 3x den Einstimmungssatz
4. Anschließend werden die Meridianpunkte geklopft und ein Kurzsatz gesprochen. Klopfe 3 Runden und atme nach jeder Runde tief ein und aus. (Die Punkte werden sanft mit Zeige- und Mittelfinger geklopft.) Du kannst die Fingerpunkte auslassen und stattdessen das Handgelenk mit der flachen Hand rundherum klopfen. Oder du klopfst nur von der Augenbraue bis unter den Arm. Für den Anfang empfehle ich alle Punkte zu klopfen.
   Du kannst, wenn du möchtest, danach die Gamutsequenz machen. Du kannst sie auch ganz am Schluss machen, wenn dein Belastungspegel unten ist oder auch wenn es nicht richtig weiter gehen will. Oder du lässt die Sequenz ganz weg. Probiere aus was bei dir passt! Spiel damit!
5. Die Gamutsequenz – dieser Punkt befindet sich am Handrücken zwischen kleinem Finger und Ringfinger.
   Der Kopf ist aufrecht. Während der gesamten Sequenz wird mit 2 oder 3 Fingern der Gamutpunkt fortwährend sanft geklopft.
   - Augen schließen
   - Augen öffnen und nach unten rechts auf den Boden schauen
   - dann nach links unten auf den Boden schauen
   - Augen im Uhrzeigersinn rollen
     (Wenn das nicht gut funktioniert, dann stelle dir einen Kreis vor, dem du mit deinen Augen folgst.)
   - Augen gegen den Uhrzeigersinn rollen
   - ein Lied summen (nicht singen) ca. 5-6 Sekunden lang
   - laut von 1-5 zählen
   - noch einmal summen

   Ob du jetzt die Gamutsequenz gemacht hast oder nicht – schätze deinen Belastungslevel von 0-10 erneut ein. Was hat sich geändert?

   Spüre, wie sehr dich das Thema, die Situation oder die Emotion noch belastet. Falls du es gar nicht einschätzen kannst frage dich: „Wie hoch ist die Belastung wenn ich es wüsste?“ Oder nimm die Smileys von „Auf den Punkt gebracht“ zu Hilfe. (Seite 55)
6. Klopfe weitere Runden bis eine Erleichterung eintritt und der Belastungspegel bei 0 ist. Er kann aber auch bei 2 sein und du möchtest es vorerst gut sein lassen. Es sollte nichts erzwungen werden.

5 Wie funktioniert Klopfakupressur?

Beobachte was sich verändert hat. Wenn der Stresspegel gesunken ist kannst du mit einem veränderten Einstimmungssatz weitermachen. z. B. Auch wenn ich noch etwas ... Angst habe, akzeptiere ich mich voll und ganz.

Kurzform: Diese restliche Angst

Gerade Kinder wissen oft, wann es genug ist – der Erwachsene möchte weitermachen – man sollte da auf die Kinder hören und es einfach gut sein lassen. Vielleicht ist das Kind zu müde zum Klopfen, es hat ganz andere Sachen im Kopf oder möchte ganz einfach nur einmal abschalten können. Bitte nehmen Sie darauf Rücksicht!!

Wenn der Stresspegel nach unten gegangen ist, dann kann man den Einstimmungssatz verändern.

Beispiel:
„Auch wenn da noch ein wenig ..., bin ich doch ok und akzeptiere mich vollkommen."
„Auch wenn der Stresspegel jetzt bei 5 ist, bin ich doch ok."

Aber auch – wenn der Stresspegel bei 4 ist und nicht weiter hinunter geht

Beispiel:
„Auch wenn die Belastung bei 4 ist und ich einfach nicht weitergehen (loslassen, es ändern will) möchte, so bin ich doch ok"

Bitte schaue immer wie es dir **JETZT** mit dem Thema geht. Nicht „ja, damals hatte ich ein Problem mit dem Nachbarskind, aber jetzt passt es – ok, wenn es jetzt passt, dann ist es gut, da muss dann nichts gemacht werden."
Die Frage „Was macht das Thema jetzt mit mir, was fühle ich, wie geht es mir damit?" bringt dich in die Gefühls- und Gedankenwelt des Themas hinein.

Beispiel:
Frau F. macht sich große Sorgen, weil ihr Kind Probleme in Mathe hat. Auch sie selbst hatte diese Probleme – ihr Mann ist gut darin, hat aber keine Zeit mit dem Kind (nennen wir es Anita) zu lernen. Anita geht in die 3. Klasse der Volksschule/Grundschule und kommt plötzlich in Mathematik nicht mehr mit. Sie ist unkonzentriert und meckert herum, wenn sie rechnen soll.

Frau F. setzt sich in einen Raum, wo sie ungestört ist und macht sich ihre Sorgen bezüglich Anita bewusst. Sie spürt dabei einen Knoten in ihrem Bauch und bekommt schwer Luft. Sie spürt Angst. Super, sie ist in dem Gefühl, das ihr diese Sorgen beschert und ihre Gedanken ununterbrochen kreisen lässt.

1. Thema: Angst weil Anita Probleme mit Mathe hat und nicht rechnen möchte, sie spürt einen Knoten im Bauch und bekommt schwer Luft.
2. Die derzeitige Belastung befindet sich auf der Skala von 0-10 bei **8**
3. Handkante klopfen und dabei 3 x den Satz wiederholen:
   „Auch wenn ich diese Angst in meinem Bauch wie einen Knoten spüre und ich keine Luft bekomme, wenn ich nur daran denke, dass Anita Probleme mit Mathe hat und nicht mehr rechnen möchte, liebe und akzeptiere ich mich so wie bin."
   (Oder bin ich ok oder bin ich doch eine gute Mutter etc.)
4. Anschließend klopft sie die Meridianpunkte und spricht dabei laut einen Kurzsatz, der Ihr Problem auf den Punkt bringt, z. B.: Diese Angst wegen Anitas Mathe-Problemen.

KOHL VERLAG Klopfakupressur im Schulalltag – Bestell-Nr. 12 462

5 Wie funktioniert Klopfakupressur?

Oder aufzählend und damit von Punkt zu Punkt gehen:

- dieser Knoten in meinem Bauch
- diese Angst in meinem Bauch wenn ich nur daran denke
- dieser Stress wenn ich schon Mathe höre
- diese Abwehr, die in mir auftaucht, wenn Anita zu mir sagt: „Duuu, kannst du mir mal bei dieser Rechnung helfen?“
- meine Überforderung
- ich kann nicht mehr
- nimmt das denn nie ein Ende
- warum kann sie das nicht
- meine Hilflosigkeit
- diese Wut in mir auf mich selbst
- diese Wut in mir auf die Lehrer, die Anita Mathe nicht näher bringen können

Wie oben vorgehen – 3 Runden klopfen, eventuell Gamutsequenz, neuerliche Einschätzung auf der Skala 0-10.

Danach entweder mit dem gleichen Einstimmungssatz weitermachen (weitere Runden den ursprünglichen Einstimmungssatz betreffend die Meridianpunkte klopfen) oder den Einstimmungssatz ändern.

„Auch wenn ich jetzt nur **ganz wenig Angst** verspüre, weil Anita Probleme mit Mathe hat und ich daher ein Problem mit ihr habe, so bin ich doch ok ...“
Oder „Auch wenn ich noch **etwas Angst** habe ...“

Anitas Mama stimmt den Einstimmungssatz darauf ab, wie sie sich im Moment also *Jetzt* genau fühlt. Falls sich nichts verändert: „Auch wenn sich jetzt bei mir durch das Klopfen absolut nichts verändert, so bin ich doch ok so wie ich bin. Und öffne mich dafür, dass ich die Veränderung wahrnehmen kann und Vertrauen entwickle, dass die Klopfakupressur auch bei mir funktioniert.“

Falls die Wut stark ist, einige Runden mit dem Einstimmungssatz „Auch wenn ich so wütend bin über meine Hilflosigkeit und weil ich dieses Problem in meinem Leben habe, so bin ich doch ok.“ Dann mit dem Kurzsatz „Diese Wut in mir!“ klopfen bis Erleichterung eintritt.

Auch klopfen und herumgehen kann helfen. Die Energie setzt sich in Bewegung. Singen, Lachen, Weinen – alles ist erlaubt und ok.

Wenn Anitas Mama ihre Emotionen bereinigt hat, wird sie einen ganz anderen Blickwinkel auf das Problem haben und lösungsorientiert handeln können. Sie wird mehr Verständnis und Geduld aufbringen und Ideen haben wie sie ihrer Tochter helfen kann. Anita ihrerseits spürt, dass ihre Mama Ruhe und Geduld ausstrahlt und wird sich vertrauensvoll und ohne Angst trauen Fragen zu stellen. In einem entspannten Umfeld werden sich Lösungen zeigen.

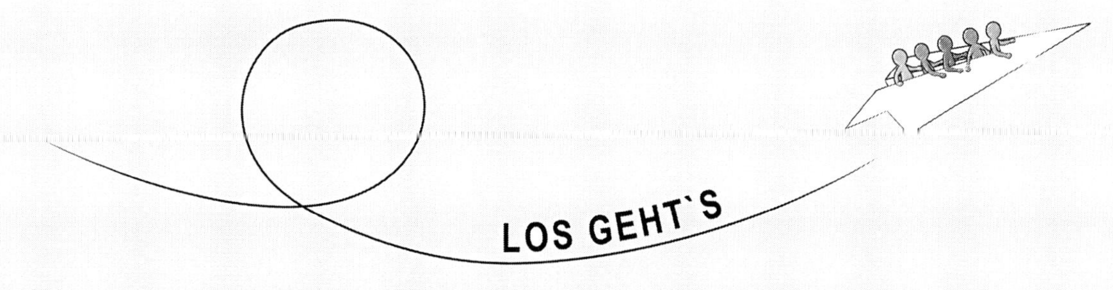

KOHL VERLAG Klopfakupressur im Schulalltag – Bestell-Nr. 12 462

5
Wie funktioniert Klopfakupressur?

Klopfakupressur Anleitung

Bestimme Thema, Problem und/oder Emotion
Nimm bitte auf einer Skala von 0-10 eine Bewertung vor, wie stark dich das Thema, das Problem oder die Emotion beeinträchtigt. (0 = keine Belastung, 10 = starke Belastung)
Frage dich: **„Was macht es mit mir? Was fühle ich gerade?“**
Du kannst jede Emotion nehmen wie Angst, Wut, Zorn, Frust oder eine Situation etc.

In diesem Beispiel gehen wir von einer Mathematikschularbeit aus.

„Auch wenn ich große Angst (oder auch ziemlichen Schiss – sage es mit deinen Worten) vor der kommenden Matheschularbeit habe und es mir den Hals zudrückt und diese Schularbeit wie ein Stein in meinem Magen liegt, bin ich ok. (Oder bin ich ein tolles Mädchen, cooler Junge, bin ich liebenswert etc.)

Sage diesen Einstimmungssatz 3 x und klopfe dabei mit einer Hand die Handkante der anderen Hand.
Atme danach tief ein und aus und beginne mit Zeige- und Mittelfinger die Punkte leicht zu klopfen. Sage dabei eine Kurzfassung wie „Diese Mathe-Schularbeits-Angst oder dieser Mathewahnsinn oder diese Matheschularbeit und alles was damit zusammenhängt oder zuerst auch nur diese große Angst. Sag, wie DU es empfindest.

Klopfe ca. 10 x (kann manchmal auch länger sein, wenn du bemerkst, dass es länger erforderlich ist) diesen Punkt und sage die Kurzform für die du dich entschlossen hast (nach Möglichkeit laut, wenn dies nicht geht dann in Gedanken).

„Diese Mathe-Schularbeits-Angst“

Klopfakupressur im Schulalltag – Bestell-Nr. 12 462

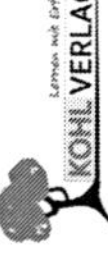

5 Wie funktioniert Klopfakupressur?

Klopfe und sage „Diese Mathe-Schularbeits-Angst“

Klopfe und sage „Diese Mathe-Schularbeits-Angst“

Klopfe und sage „Diese Mathe-Schularbeits-Angst“

KOHL VERLAG Klopfakupressur im Schulalltag – Bestell-Nr. 12 462

5 Wie funktioniert Klopfakupressur?

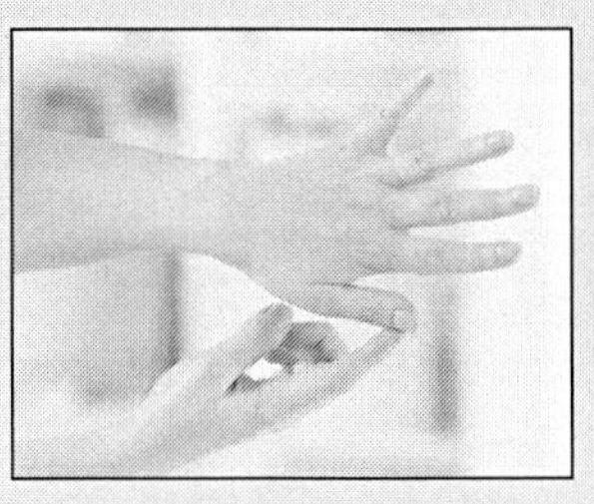
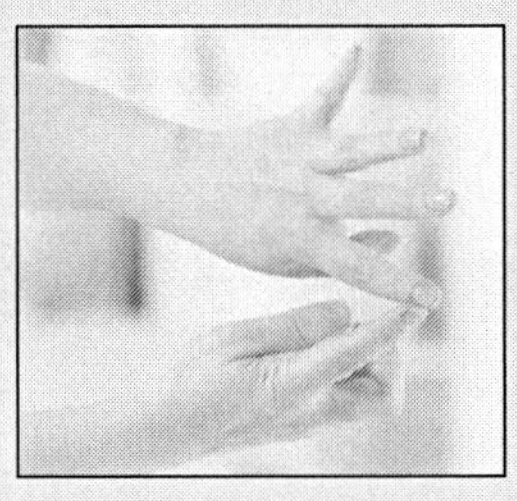
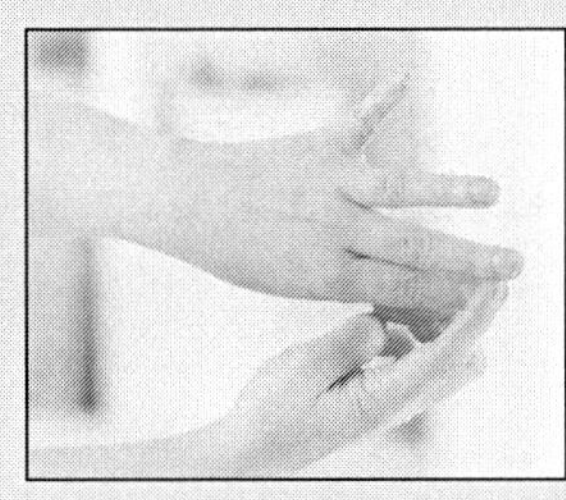
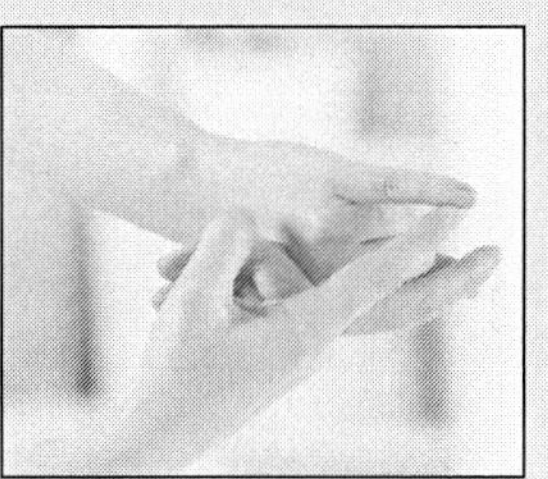

Klopfe den jeweiligen Punkt am Finger und sage: „Diese Mathe-Schularbeits-Angst“. Ich klopfe immer noch zusätzlich den Ringfinger innen, gegenüber der Innenseite des kleinen Fingers. Betrifft Keimdrüsen und Nebennieren.

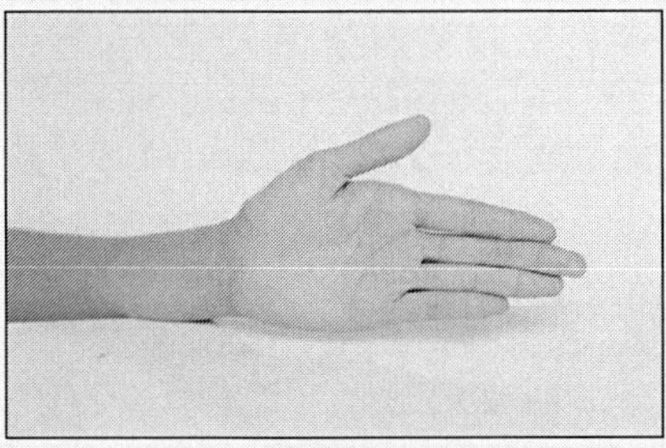

Du kannst statt der Fingerpunkte auch rund um das Handgelenk klopfen – klopfe mit der flachen Hand

Gamutsequenz

(Dieser Punkt befindet sich am Handrücken zwischen kleinem Finger und Ringfinger –auf dem Bild wird der Punkt gezeigt.) Dieser Punkt wird mit Zeigefinger, Mittelfinger und Ringfinger der anderen Hand geklopft.

Du kannst, wenn du möchtest, die Gamutsequenz nach jeder Runde machen. Du kannst sie auch ganz am Schluss machen, wenn dein Belastungspegel unten ist oder auch, wenn es nicht richtig weiter gehen will. Oder du lässt die Sequenz ganz weg. Sei kreativ!

- Klopfe sanft diesen Punkt zwischen kleinem Finger und Ringfinger
- schließe deine Augen
- öffne deine Augen und sieh nach unten rechts auf den Boden (Kopf bleibt immer gerade)
- dann sieh nach links unten
- rolle deine Augen im Uhrzeigersinn
- rolle gegen den Uhrzeigersinn
- summe ein Lied (nicht singen) ca. 5-6 Sekunden lang
- zähle laut von 1-5
- summe nochmals

5 Wie funktioniert Klopfakupressur?

Klopfe insgesamt 3 Runden Meridianpunkte (abgesehen von dem Einstimmungssatz mit Handkante) mit oder ohne Gamutsequenz und schätze dann dein Belastungslevel von 0-10 erneut ein. Atme nach jeder Runde tief ein und aus.
Was hat sich geändert?

Klopfe eventuell noch ein paar Runden oder ändere den Einstimmungssatz.

„Auch wenn ich noch etwas von der Mathe-Schularbeits-Angst spüre, bin ich doch ok und akzeptiere mich vollkommen." Kommen neue Gefühle, klopfe auch diese. Denk daran: Nach 2-3 Runden immer wieder das Belastungslevel überprüfen!

Oder klopfe den Einstimmungssatz 3 x und dann sage bei den Meridianpunkten was dir zu der Schularbeit einfällt, was du fühlst, was dir Sorgen macht, führe deine Versagensängste an etc. (siehe weiter hinten im Buch)

Klopfe eventuell, wenn der Stresspegel bei 1 oder 0 ist die Handkante und sage „Ich weiß, dass ich genug gelernt habe (wenn du es denn getan hast) und ich vertraue darauf, dass ich dieses Wissen abrufen kann bei der Schularbeit. Ich durchflute meinen Körper jetzt mit Vertrauen in mich selbst und erlaube mir, mit Mut und Leichtigkeit diese Schularbeit zu schreiben. Alles ist gut!"

TIPP: Beginne mit dem Klopfen nicht erst einen Tag vor der Schularbeit. Natürlich kann das auch funktionieren, aber wenn du starke Versagensängste hast, dann ist es wohl besser 1-2 Wochen vor der Schularbeit, eventuell 2 x täglich, damit anzufangen. Stell dir kurz nach dem Aufwachen und kurz vor dem Einschlafen vor, wie du ruhig und gelassen bei deiner Schularbeit sitzt und die Rechnungen dir ganz leicht von der Hand gehen. Und dann stell dir vor, wie du die Schularbeit zurückbekommst und es sind lauter rote Häkchen bei den jeweiligen Beispielen und am Ende der Arbeit steht deine gewünschte Note. Sieh wie dein Lehrer oder deine Lehrerin dir zu der Arbeit gratuliert. Mach einen kleinen Farbfilm und setze deine Sinne dabei ein. Falls Zweifel aufkommen beklopfe diese!

Verzage nicht, wenn es nicht gleich funktioniert – du musst einfach dran bleiben!!
Du weißt schon – Übung macht den Meister! :))

Du kannst auch die Rechenarten, die dich bei der Schularbeit stressen, direkt ansprechen. „Auch wenn diese Integralrechnungen von meinem Gehirn nicht verarbeitet werden können, bin ich bereit, mich dafür zu öffnen und diese vielleicht doch zu verstehen."

Wende die Methode auch bei Trigonometrie, Exponential-Rechnungen, Differenzialrechnungen, Mengenlehre, Rechnungen mit Variablen, Prozentrechnungen, Grundrechnungsarten usw. an.

KOHL VERLAG Klopfakupressur im Schulalltag – Bestell-Nr. 12 462

6 Klopfvorschläge für Eltern

Einstimmungssatz

Auch wenn ich Angst habe, dass (Name des Kindes) in der Schule nicht gut aufgehoben ist, bin ich doch ok (evtl. auch angeben wo die Angst im Körper spürbar ist).

Kurzform Punkte: Diese Angst das (Name des Kindes) in der Schule nicht gut aufgehoben ist.

Einstimmungssatz

Auch wenn ich befürchte, dass (Name des Kindes) im Unterricht nicht mitkommt, weil er/sie oft sehr verträumt ist, bin ich doch ok.

Kurzform Punkte: Diese Furcht, dass (Name des Kindes) im Unterricht nicht mitkommt.

Einstimmungssatz

Auch wenn (Name des Kindes) eher sprachlich begabt ist und ich Angst habe, dass Mathe ihm/ihr nicht liegen wird, bin ich doch eine gute Mutter/guter Vater und vertraue, dass es auch in Mathe gut geht

Kurzform Punkte: Diese Angst, dass (Name des Kindes) Probleme in Mathe bekommen wird.

Eventuell abwechselnd jeweils einen anderen Punkt klopfen
Diese Angst, dass (Name des Kindes) Probleme in Mathe bekommen wird.
Ich entscheide mich darauf zu vertrauen, dass es auch in Mathe gut gehen wird.

Einstimmungssatz

Auch wenn mein Sohn/meine Tochter keine Sportskanone ist und ich Angst habe, dass er/sie sich im Turnunterricht verletzt so bin ich doch ok.

Kurzform Punkte: Diese Angst, dass sich meine Tochter/mein Sohn im Turnunterricht verletzt.

Aber auch:

Einstimmungssatz

Auch wenn ich die „Über-Drüber-Mutter" bin ...

Kurzform Punkte: Dieses „Über-Drüber-Mutter-Glucken-Ding".

Einstimmungssatz

Auch wenn ich und mein Ehepartner eine Niete in der Schule waren und ich Angst habe, dass es unserem Sohn/unserer Tochter genauso gehen wird, so weiß ich doch, dass ich ein wertvoller Mensch bin und mein Kind jede erdenkliche Unterstützung von mir haben kann.

Kurzform Punkte: Diese Angst, dass mein Sohn /meine Tochter eine Niete in der Schule wird.

Einstimmungssatz:

Auch wenn ich Angst habe, dass diese Schularbeit wieder den Bach hinunter geht und ein Fleck (in Österreich die schlechteste Note) so gut wie sicher ist, liebe ich mein Kind und weiß, dass ich eine gute Mutter bin.

Kurzform Punkte: Diese Angst, dass die Schularbeit wieder schlecht ausfällt.

Ich denke, es ist klar wie es ablaufen soll, einfach beobachten welche Gedanken, Ängste oder sonstige Gefühle **JETZT** da sind – den Einstimmungssatz bilden und einfach anfangen. Gefühle unbedingt zulassen – je mehr im Gefühl umso besser löst es sich auf. Ob Wut, Angst, Traurigkeit, Frust etc. – diese Gefühle sind der Wegweiser in die optimale Klopfrichtung.

Es können auch Widerstände auftauchen!

Klopfvorschlag bei Widerstand

Einstimmungssatz

Auch wenn ich überhaupt nicht klopfen möchte, weil das ja ohnehin alles Unsinn ist und ich mein Problem oder das meines Kindes mit ein bisschen klopfen ohnehin nicht lösen kann, so weiß ich doch, dass ich eine gute Mutter/Vater bin.

Kurzform Punkte: Dieser Widerstand in mir gegen das Klopfen.

Eventuell abwechselnd:

- Dieser Widerstand in mir gegen das Klopfen.
- Ich entscheide mich für die Klopfakupressur offen zu sein

Wenn Sie stark im Gefühl sind müssen Sie erst gar keine Sätze bilden, fangen Sie einfach an die Punkte zu klopfen bis Sie sich etwas beruhigt haben.

Kleinere Kinder brauchen überhaupt keine Sätze zu bilden, sie sind ohnehin oft stark im Gefühl und brauchen dann nur die Punkte klopfen. Sollte im Vorhinein mit dem Kind besprochen werden – bitte keinen Zwang – wenn das Kind nicht möchte. Sie können es auch vormachen und, wenn das Kind möchte, wird es nachahmen.

Wenn Sie sehen, dass ihr Kind in einem Wutanfall gefangen ist, beginnen Sie einfach bei sich selbst zu klopfen, das Kind wird sich beruhigen. Empfehlen kann ich auch, nur die Handkante zu klopfen oder zwicken und die Punkte an den Fingern zu klopfen, wenn Sie nicht möchten, dass andere es mitbekommen. Eine liebevolle Umarmung danach wird dem Kind die Gewissheit geben, dass es so sein darf wie es ist.

Es kann auch mental geklopft werden oder man stellt sich einen hellen Punkt vor, der auf den jeweiligen Meridianpunkt leuchtet. Diese Methode habe ich jeden Tag auf der Fahrt zu meiner Arbeitsstelle angewendet – bis ich in der Firma angekommen bin war ich motiviert und gut drauf. Ich war mit öffentlichen Verkehrsmitteln unterwegs, falls Sie mit dem Auto fahren, würde ich das nicht empfehlen. Eine Möglichkeit wäre, dass sie während der Fahrt die Punkte an einer Hand mit dem Daumen der gleichen Hand berühren. Das braucht nicht viel Aufmerksamkeit und Sie sind nicht abgelenkt.

Gerade auch bei Grundschulkindern kann man mit etwas Magie arbeiten und den Kindern nachstehenden Satz vorschlagen:
„Auch wenn ich das und das habe (Thema einsetzen), zaubere ich es ganz einfach weg. Hex, hex wie bei Bibi Blocksberg.“

7

Stellvetretend für das Kind klopfen

Schauen wir einmal, wie es bei David, einem Schulanfänger, aussieht.
Nehmen wir einmal an Davids Mama ist interessiert wie es ihrem Kind damit geht, dass der erste Schultag immer näher rückt. Sie fragt David und dieser gibt ihr zur Antwort, dass er sich vor den neuen Schulkameraden, der Lehrerin und der ganzen neuen Situation fürchtet – er ist auch nicht sicher, ob er so lange ruhig sitzen kann. Und werden die anderen Kinder ihn mögen? Was ist, wenn er etwas nicht versteht?

Unser kleiner David hat ziemlich viele Ängste – die Oma (die muss jetzt leider herhalten für unser Beispiel, sorry) hat auch noch gesagt: „Jetzt beginnt der Ernst des Lebens“ und Opa meinte „Mein Vater ist noch geschlagen worden vom Lehrer und ich bin immer wieder ausgeschimpft worden“. Boah, David zittert schon ziemlich und fragt sich ob es noch immer so ist.

Davids Mama hört sich das alles an und zwickt schon währenddessen ihre Handkante. Dann klopft sie, während David spricht, die Punkte an den Fingern. Mit dem Daumen derselben Hand sind die Punkte gut zu erreichen. David bekommt es gar nicht mit. (Oder sie erklärt David vorher, dass sie klopfen wird und warum.) David beruhigt sich und Davids Mama erzählt ihm, dass sie gerne in die Schule gegangen ist. Ich hoffe, das entspricht der Wahrheit; wenn nicht, kann sie es ruhig zugeben und gleichzeitig darauf aufmerksam machen, dass es jetzt viele Methoden gibt die hilfreich sind, dass sie viele Freunde gewonnen hat und es oft lustig war. David ist vorerst beruhigt und wendet sich seinen Spielsachen zu.

Davids Mama zieht sich zurück und fängt stellvertretend für David an zu klopfen:

Handkante: Davids Mama sagt „Ich klopfe jetzt stellvertretend für David.“
Sie klopft auf die Handkante und sagt dabei „Auch wenn David diese Schulangst hat, so ist er doch liebenswert.“ Sie wiederholt diesen Satz 3x und klopft dabei.

Kurzform Punkte: Davids Schulangst

Davids Mama klopft ein paar Runden bis sie das Gefühl hat, dass es gut ist und sieht dann nach, wie es David geht. Vielleicht sind zu einem späteren Zeitpunkt weitere Runden erforderlich. Sie könnte nach dem Klopfen mit David auch an die frische Luft gehen. Außer er ist müde geworden, dann sollte sie ihm die Ruhe gönnen. Davids Mama kann auch spezifischer werden:

Einstimmungssatz:

Auch wenn der Uropa in der Schule noch geschlagen wurde, so leben wir in einer anderen Zeit und es hat auf David keine Auswirkungen mehr.

Kurzform Punkte: Diese Schläge in der Schule, die der Opa noch bekommen hat.

Einstimmungssatz:

Auch wenn Oma meint, mit der Schule beginnt der Ernst des Lebens, so kann es aber auch viel Spaß und Freude in der Schule geben.

Kurzform Punkte: Dieser Schule-Ernst des Lebens-Schmarrn.

Übertreiben Sie ruhig mit Ihren Aussagen – kann auch im Dialekt und manchmal auch derb oder lustig sein und klopfen Sie, was an Gedanken und Gefühlen hochkommt. Es kann auch gesungen werden, wenn einem danach ist. Seien Sie kreativ.

Wenn Sie über ein Thema sprechen, werden immer Gefühle mit im Spiel sein, lassen Sie sie zu, das ist wichtig, da uns Gefühle sehr beeinflussen. Durch das Klopfen werden diese Gefühle transformiert bzw. gelöst und beeinflussen uns nicht mehr.

8 Auf den Punkt gebracht

Im Grunde ist Klopfakupressur ganz einfach – man könnte auch sagen kinderleicht.

Spüren was sich gerade **JETZT** im Körper zeigt und welche Gefühle da sind.

Auf einer Skala* zwischen 0 (kein Problem) bis 10 (sehr stark belastend) einstufen.

Dementsprechende Sätze bilden, diese 3x wiederholen und dabei die Handkante klopfen. Mit Zeige- bis kleinem Finger der anderen Hand oder mit der Handfläche.

Mit Zeige und Mittelfinger sanft die Meridianpunkte klopfen. Währenddessen die Kurzform dazu sagen.

Es ist auch möglich, die Punkte auf beiden Seiten zu klopfen wenn man schnell Energie in das System bekommen möchte.

Entweder zusätzlich die Punkte an den Fingern klopfen oder das Handgelenk. Oder nur die Punkte von der Augenbraue bis unter den Arm klopfen.

Nach jeder Runde tief ein- und ausatmen.

Eventuell die Gamutsequenz machen.

Nach 3 Runden, egal ob mit oder ohne Gamutsequenz, erneute Einschätzung deines Belastungslevels auf der Skala von 0-10.
(Dies ist wichtig, um eine Veränderung auch wirklich bewusst wahrzunehmen. Aber bitte wieder keinen Zwang.)

Wenn der Belastungspegel gesunken ist, eventuell weitere Runden anhängen oder mit einem veränderten Einstimmungssatz weiter arbeiten.

„Auch wenn ich noch ein wenig Wut spüre ...“ „Auch wenn ich noch immer ganz verwirrt bin“ etc.

Klopfe bis sich eine Beruhigung des Körpers und der Emotionen einstellt.

Egal welche Situation oder welche Emotion.

Auch wenn du nicht glauben kannst, dass Klopfen funktioniert und dir helfen kann.

Beklopfe die Widerstände – können gerade oft bei Erwachsenen auftauchen, da zu oft mit dem Kopf und weniger mit dem Herzen gedacht wird.

If you want to be happy, be! Leo Tolstoi

Was ist wichtig für Schüler und Schülerinnen, damit sie den Herausforderungen des Schulalltags gerecht werden können?
(Tipps für Kinder, Eltern, Lehrer, Omas, Opas, Onkel, Tanten ...)

- mehr Raum für sich
- mehr Ruhe für sich
- den Druck, das „Muss“ loslassen können/dürfen
- Termin-, Leistungs-, und Perfektionsdruck loslassen können/dürfen
- innere Freiheit
- sie brauchen Gedankenfreiheit
- Angste der Eltern und Gesellschaft machen den Druck, wollen, dass sie sich von der Masse abheben müssen
- Eltern sind gehetzt, haben selbst keine Zeit für ihre Kinder

* Hinweis: Auf Seite 55 finden Sie eine Übersicht verschiedener Smileys als hilfreiche Veranschaulichung.

8 Auf den Punkt gebracht

- Sie sollten mit ihren Kindern in Verbindung/Beziehung gehen und eine Bindung mit ihren Kindern herstellen
- Kinder sollen zu sich selbst eine Verbindung aufnehmen
- Kinder sind zu viel im virtuellen Leben
- soziale Fähigkeiten verkümmern
- es gibt keine Rituale (diese geben Sicherheit)
- gibt keine verinnerlichten Erlebnisse
- Kinder sind zu viel im Außen
- bei den Eltern gibt es eine Erschöpfung und die Zeitfrage ist ein Problem
- Eltern und Kinder sollten sich mehr Ruhe und Raum für sich geben, dadurch entsteht Begegnung
- zu viel und zu starker Leistungsdruck
- **Tipp: Dass sie zur Ruhe kommen bzw. bei sich ankommen. Atmung:**
  Lege dich 5-10 Minuten flach auf ein Sofa oder Bett und beobachte deinen Atem. Ganz normal aus- und einatmen, nichts forcieren.
  Wenn Gedanken auftauchen – lass sie ziehen – gehe nicht darauf ein – mit der Zeit werden sie immer weniger.
  Körper, Geist und Seele können sich erholen und abschalten.
  Wenn man dabei einschläft ist es auch nicht schlimm, dann braucht das ganze System eben eine Regenerationszeit.
- Kinder haben immer weniger Vertrauen, weil sie mit sich selbst wenig in Kontakt sind.
- Es fehlen Ruhe, Gelassenheit und Konzentration.
- Es fehlt der Fokus, das Gelernte innerlich zu bündeln und abrufen zu können.
- Kinder brauchen mehr Freiheit!
- Sie brauchen Luft (in den Klassenräumen ist die Luft oft verbraucht).
- Kinder brauchen ruhige Eindrücke.
- Sie brauchen die Natur und Tiere.
- Sie brauchen Ruhe – diese ist für die Augen und für das ganze System wichtig.
- **Tipp für die Augen:**
  Palmieren: die Hände reiben bis sie warm sind und dann für ca. 5-10 Minuten leicht über die Augen legen – nicht drücken. Augen schließen. Entspannt sehr. Ich selbst sehe nach dem Palmieren immer viel klarer.
  Sehr gut sind auch die Karten „Augen auf, Übungskarten für das Sehtraining“ von Caroline Ebert
- Es ist gut, wenn Kinder ihren Körper spüren.

  Tipp: (auch für Erwachsene hilfreich)
  Hinsetzen, eventuell Augen schließen und den Körper von den Haarspitzen, bis zu den Fußsohlen spüren, die Aufmerksamkeit hinlenken, wie fühle ich mich da? Haare, Kopfhaut, Stirn, Augen bzw. Augenbrauen, Nase, Wangen, Mund, Ohren, ganzes Gesicht, Hals, Brustkorb, Nacken, Schulterblätter, Oberarme, Unterarme, Handgelenk, die einzelnen Finger, Bauchraum, oberer Rücken, unterer Rücken, Geschlechtsorgane, Oberschenkel, Unterschenkel, Ferse, jeweiliger Fuß und einzelne Zehen. Falls euch noch etwas einfällt richtet eure Aufmerksamkeit auch dorthin – nichts bewerten nur beobachten. Kann man auch bei Einschlafschwierigkeiten anwenden.
- **Atmung, sich spüren**

8 Auf den Punkt gebracht

Tipp: Wie auf Seite 27, mit dem Unterschied, dass bewusst in jede Region hinein geatmet wird.

- Viele Kinder sind nicht im Körper drinnen, daher sind die 2 oben angeführten Tipps sehr hilfreich
- Bewegung ist wichtig (herumtoben können und dürfen).
- Mit Leichtigkeit, Humor und Beschwingtheit an die Sache herangehen bzw. ins Leben bringen.
- Vertrauen in sich und seine Fähigkeiten stärken. Bachblüten Elm können da hilfreich sein, aber auch sich etwas trauen, ohne bei Misslingen die Angst zu haben, dass man niedergemacht wird.
- Selbstvertrauen ist wichtig „ja ich schaffe das". Bachblüte Elm und Larch können helfen.
- **NICHT** perfekt sein müssen.
- Vertrauen, es zu schaffen, ist wie auf einen Berg hinaufzugehen, sich die Strecke einzuteilen und den Berg in Etappen zu erklimmen, step by step sozusagen.
- Feiert die Erfolge – zelebriert sie richtiggehend. (Das kann von einer Umarmung, freudig herumhüpfen, Eis essen gehen, ein gutes Buch kaufen, Kino, Zoo usw. bis zu einem Picknick im Wohnzimmer oder im Freien reichen.) Dann zum nächsten Projekt übergehen
- Eltern, aber auch Großeltern sollten die Bilder korrigieren, die sie von den Kindern haben. Der 10-, 11-, 12-Jährige ist nicht mehr der/die „Kleine".
- Auf Ernährung achten.
  Ich habe mitbekommen, dass gerade Mütter sehr oft ihre Töchter dahingehend beeinflussen, dass sie nicht so viel essen sollen, da sie sonst dick werden (diese essen dann heimlich). Besser ist es, ihnen ein gehaltvolles und abwechslungsreiches Essen vorzusetzen. Oft habe ich in der Straßenbahn gehört wie Kinder mit ihren Müttern gesprochen haben und sich beschwerten, dass es wieder nichts „Gescheites" zum Essen gab. Es wurde vorgeschlagen, das Kind solle sich doch eine Wurstsemmel holen oder einen Hamburger. (Da erübrigt sich jedes weitere Wort.)
- Eltern haben oft selbst Themen mit den Lehrern/innen ihrer Kinder, aber das Kind muss mit den Lehrern/innen auskommen. (Ich habe nach Möglichkeit nicht geschimpft über den Lehrer, sondern auch seine Seite wahrzunehmen versucht. Auch habe ich mein Kind dazu animiert, wenn es etwas nicht versteht nachzufragen - auch mit dem Hinweis, dass sich der Lehrer über die Mitarbeit freut und es ist damit immer gut gefahren.)
- **KINDER MÜSSEN NICHT PERFEKT SEIN!!!!!**
  (und Eltern und andere Erwachsene auch nicht ☺)
- Kinder sollten vom PC wegkommen - macht aggressiv, immer nur eine begrenzte Zeit ausmachen, Technik limitieren.
- Konkurrenz mit Geschwistern ist auch ein Thema – sollte auf jeden Fall von den Eltern auf einfühlsame Art und Weise angesprochen werden.
- Bei Elternstreitigkeiten und Ärger in der Familie leiden die Kinder darunter. (Es muss ja nicht alles vor den Kindern besprochen werden, aber eine gewisse Diskussionskultur kann, als Vorbild für die Kinder, hilfreich sein.)
- Die Kinderseele ist einzigartig – man sollte das Kind begleiten und nicht manipulieren.
- Eltern verwirklichen sich manchmal über die Kinder – davon ist dringend abzuraten.

8

Auf den Punkt gebracht

- Kinder sind zu viel Lärm ausgesetzt - sie brauchen aber Stille. Kreativität kommt aus der Stille.
- Langeweile ist gesund für Kinder, daraus können Kreativität und neue Ideen entstehen.
- Überforderung – **EIN KLARES NEIN**
- Fordern/Fördern **JA**
- Achtung! Mobbing in der Schule.
  Das Kind sollte Vertrauen haben sich den Eltern oder einem anderen Erwachsenen mitzuteilen.
- Leider gibt es auch Lehrer, die Schüler herabsetzen. Da sollte mehr Bewusstseinsbildung gemacht werden – eventuell auch von Seiten der Direktorin/des Direktors.
- Kinder sollten gestärkt werden, dass sie zu Hause darüber sprechen, wenn sie herabgesetzt werden.
- Wichtig ist es, im guten Dialog mit seinen Kindern zu sein. Sie erzählen oft abends, wenn sie im Bett sind, wo sie sich sicher fühlen – Eltern sollten da gut hinhören.
- Wie löst man das Problem? Oft kommt die Lösung auch vom Kind.
- Eltern nehmen den Kindern die Entwicklungsmöglichkeiten, wenn immer die „Steine“ weggeräumt werden.
- Wenn die Kinder gemerkt haben, dass sie zu wenig gelernt haben, dann können sie ja nachjustieren.
- Kinder sollten ihre eigenen Erfolgserlebnisse haben.
- **GANZ WICHTIG!!**
- Gefühle ausdrücken lassen. (Wenn sie sich anstauen knallt es irgendwann gewaltig).
- Die Eltern sollten eine Neugierde auf ihre Kinder und deren Entwicklung kultivieren – man spürt dann auch Liebe und Begeisterung.

DU HAST DIE WAHL!

Zur Verfügung gestellt von einer ganz lieben Mama)

Alex hat ein Problem mit einem Mitschüler. Dieser beschimpft ihn immer wieder auf derbste Art und Weise mit Ausdrücken, die er gar nicht kennt. Als er seiner Mutter (Martina) davon erzählt und sie ihm sagt, dass das ganz schlimme Schimpfwörter sind, ist Alex sehr betrübt und verstört. Martina setzt sich mit Alex und seinem jüngeren Bruder Martin zusammen und sie beraten, wie mit der Angelegenheit am besten umgegangen werden kann. Nach einigem Hin und Her sagt Martin zu Alex: „Schau, wenn er dir wieder den Fellball (in diesem Fall ein Schimpfwort) zuwirft kannst du entscheiden, ob du ihn fangen willst oder nicht. Du kannst genauso gut sagen „Ich nehme den Fellball nicht an“ SUPER IDEE! die Alex beim nächsten Schimpfwort anwandte. MIT ERFOLG! Jetzt sind die beiden gute Freunde.

Sind die Jungs nicht ausgesprochen klug und weise – so einfach kann es gehen. Erwachsene dürfen diese Idee gerne aufgreifen – vielleicht versuchen sie es in Gedanken zu sagen, wenn es laut gerade nicht passt - die Energieschwingung kommt auf jeden Fall an.

9 Überkreuzbewegung

Überkreuzbewegungen

- verbessern das Körperbewusstsein
- ermöglichen klarer zu denken
- reduzieren Stress
- regulieren den Blutdruck
- regen den Fluss der Lymphflüssigkeit an
- steigern die Fitness
- verbessern das Gedächtnis
- fördern die Koordination
- fördern den Kreislauf
- lockern die Steifheit
- stimulieren die Gehirnflüssigkeit
- erleichtern das Lernen
- helfen bei Legasthenie
- verbessern die Sehschärfe
- verbessern die Balance zwischen den beiden Hirnhälften
- verbessern die Ausgeglichenheit
- gleichen Emotionen aus
- fördern die Verdauung
- verstärken die Körperenergie
- machen den Körper beweglicher
- verbessern den IQ
- verstärken das Gesundheitsbewusstsein
- machen Spaß

Berühre mit der rechten Hand oder Ellenbogen den linken gehobenen Oberschenkel und umgekehrt – immer wieder im Wechsel. Du kannst diese Übung auch zu deiner Lieblingsmusik durchführen.

Such dir verschiedene Rhythmen, um das Tempo herauszufinden, das zu dir passt. Mach die Übungen soweit wie möglich täglich. Du wirst schon nach wenigen Tagen über den Erfolg angenehm überrascht sein. Du kannst die Übung langsam oder auch schneller machen. Ganz wie du möchtest.

Ich habe in einer Firma, in der ich gearbeitet habe, in den Pausen diese Überkreuzbewegungen mit den Kolleginnen gemacht. Dazu habe ich flotte Musik oder Rock gespielt. War schon sehr lustig. Viel Spaß!!!

KOHL VERLAG Klopfakupressur im Schulalltag – Bestell-Nr. 12 462

10 Weitere Klopfvorschläge

Einstimmungssatz

Auch wenn ich mich vor meinem ersten Schultag fürchte, so bin ich doch ok.

Kurzform Diese Angst vor meinem ersten Schultag.

Alternativ Bei jedem Punkt aufzählen was dich beschäftigt – z. B. diese Angst in mir, was ist, wenn ich keine Freunde finde? Was passiert, wenn ich im Unterricht nicht mitkomme? Ich verstehe manches ja nicht so schnell, meine Mutter sagt immer, ich soll nicht so trödeln, träumen usw. Eventuell bei der nächsten Runde wiederholen oder etwas anderes. Klopfe einfach alles was an Gedanken und Gefühlen kommt. Du kannst das – ich weiß es!!!

Einstimmungssatz

Auch wenn ich jetzt in der Klasse nicht neben meinem Freund sitze sondern neben einem Jungen der irgendwie komisch ist, so bin ich doch ok.

Kurzform Diese komische Junge-Geschichte.

Alternativ Dieser komische Junge neben mir, wie der mich immer ansieht, außerdem ist er nicht mein Freund, ich glaube ich mag ihn nicht, manchmal ist er so laut. Vielleicht will er aber auch nur die Aufmerksamkeit auf sich ziehen dieser komische Junge, vielleicht ist er aber auch ganz nett. Wie wäre es, wenn ich ihn einmal frage, was er so in der Freizeit macht? Wie würde es sein wenn auch er mein Freund wäre, dann hätte ich noch einen, und vielleicht sind wir dann eine richtige Clique. Ich rede mal mit ihm, vielleicht kann ich lernen ihn zu mögen ...

Einstimmungssatz

Auch wenn ich heute überhaupt nicht verstanden habe was die Lehrerin da vorne an der Tafel gesagt hat, so bin ich doch ok.

Kurzform Diese Lehrerin – nix verstanden haben – Geschichte.

Alternativ Ich hab heute überhaupt nichts verstanden was die Lehrerin gesagt hat, ich bin so blöd, die anderen haben es anscheinend verstanden, zumindest hat keiner etwas gesagt. Ich verstehe es nicht, es ist, als ob sie chinesisch gesprochen hätte, ich werde das nie kapieren, ach ich bin so ein armer Tropf, alles ist so schlimm. Wie wird es weiter gehen? Ich werde meine Eltern enttäuschen ...
Bade dich ruhig in deinem Selbstmitleid, nach ein paar Runden wirst du vielleicht lachen müssen und eine Erleichterung bemerken – dann bist du auf dem richtigen Weg. Falls nicht, sind noch einige Runden klopfen notwendig.

Einstimmungssatz

Auch wenn (setze den Namen des Kindes oder Kinder ein) mich nicht mag und mich nie mitmachen lässt und ich immer das Gefühl habe außen vor zu sein, so bin ich doch ok und weiß, dass es auch Menschen gibt, die mich lieb haben.

Kurzform Name des Kindes oder der Gruppe … mag mich nicht.

Alternativ Niemand mag mich, vor allem (Name des Kindes oder der Kinder) mag mich nicht, nie lassen sie mich mitmachen, immer beschimpfen sie mich und sagen, dass ich weggehen soll, in der Klasse stoßen sie mich herum und lachen über mich usw.

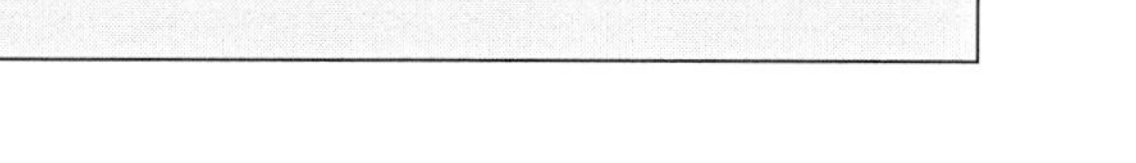

10 Weitere Klopfvorschläge

Einstimmungssatz

Auch wenn ich keine Ahnung habe wie ich diese Mathe-Schularbeit schaffen soll, so bin ich doch ok und weiß, dass ich ein toller Bursche (tolles Mädchen) bin.

Kurzform Diese Angst, die Mathe-Schularbeit nicht zu schaffen.

Alternativ Diese Angst vor der Mathe-Schularbeit, ich habe zwar gelernt aber vielleicht ist es zu wenig. Ich habe das Gefühl alles vergessen zu haben, sicher bekomme ich wieder eine schlechte Note. Ich fürchte mich schon vor den strafenden Blicken meiner Eltern. Dieser Druck in meinem Magen wenn ich nur an die Schularbeit denke, ich werde wieder versagen, usw. Überprüfe, ob etwas in dem vorangegangenen Text zu dir passt und ergänze ihn mit deinen eigenen Worten.

Du kannst es auf alle Schularbeiten und Tests anwenden, beklopfe auch die sogenannten negativen Gefühle wie Angst, Angst vor Versagen, Trauer, nicht gut genug sein, Wut.

Negative Gefühle sind nicht schlecht, auch wenn so mancher Erwachsene möchte, dass sein Kind erst gar nicht damit in Berührung kommt. Im Gegenteil – sie haben eine große Kraft in sich. Und meist sind sie ein Gradmesser dafür, dass wir etwas ändern müssen. Lass diese Gefühle zu, beobachte sie und lass dich nicht von ihnen vereinnahmen. Wie funktioniert beobachten? Schau, wo du im Körper das Gefühl spürst und dann benenne es: „Aha, ich spüre Trauer." „Ah, da ist Wut." „Das fühlt sich an wie Zorn." **Beispiel:** Frage dich, warum spüre ich jetzt Zorn? Ah, ich weiß schon – es ärgert mich immer, dass mein Vater schimpft, wenn ich mit einer schlechten Note nach Hause komme. Dann beklopfe das.

Einstimmungssatz

Auch wenn es mich ziemlich zornig macht, wenn mein Vater mit mir schimpft, wenn ich eine schlechte Note nach Hause bringe, so bin ich doch ok.

Kurzform Dieser Vater-Noten-Zorn (oder wie immer du es nennen möchtest).

Alternativ Dieser Zorn in mir, wenn mein Vater mit mir schimpft, ich weiß auch nicht woran es wieder gelegen hat, eigentlich habe ich genug gelernt. Dieser vorwurfsvolle Blick von meinem Vater, die traurigen Augen meiner Mutter. Ich will doch alles nur gut machen, und wieder ist es mir nicht gelungen...

Einstimmungssatz

Auch wenn ich jede Menge Übergewicht habe und mich jeder schief ansieht und verspottet, so bin ich doch ok, so wie man eben ok sein kann, wenn man etwas zu viel an Körpergewicht (Fett) hat.

Kurzform Dieses Übergewicht (du kannst auch die kg angeben, die du zu viel hast).

Alternativ Dieses Übergewicht, ich habe mindestens ..kg zu viel, die anderen sind alle viel schlanker als ich. Ich hasse es, wenn sie mich schief ansehen und mich Fettsack schimpfen, da werde ich dann ganz traurig. Warum muss ich so dick sein, ich mag halt Hamburger, Obst mag ich nicht so gerne, und mit Gemuse kann man mich echt vertreiben. Bewegung ist auch nicht meins, ich werde aber ganz traurig, wenn ich keine Beachtung finde, dann stopfe ich alles in mich hinein, es findet sich auch immer wieder etwas Süßes.

10 Weitere Klopfvorschläge

Jetzt kommt es halt darauf an was dir wirklich, wirklich wichtig ist. Wenn du abnehmen willst, dann wirst du es schaffen. Beklopfe auch, dass du Obst und Gemüse nicht so gerne hast. Vielleicht probierst du es dann doch aus und richtest gemeinsam mit deinen Eltern eine gesunde und schmackhafte Mahlzeit zusammen. Schau mal wie du dich gerne bewegen würdest – Schwimmen, Rad fahren, Wandern – kann auch lustig sein. Kümmere dich nicht darum, ob die Leute schauen wenn du im Schwimmbad bist. Meistens schauen sie ohnehin nicht und es ist nur das eigene Befinden. Also die kleine Stimme in deinem Kopf, die dir weismachen möchte, dass du zu dick bist und nicht gut aussiehst. Mit Bewegung, dem richtigen Essen und Klopfen wirst du bald die Figur haben die du haben möchtest. Es können aber Widerstände auftauchen – beklopfe auch diese. Ich will dir nichts vormachen – etwas Geduld wirst du schon aufbringen müssen.

Abends kurz vor dem Einschlafen stelle dir vor, wie du schlank und vollkommen gesund vor einer Person stehst, die dir wichtig ist und die zu dir z. B. sagt „Hey, du siehst super aus, du hast jetzt eine richtig gute Figur" und fühle in dir die Freude darüber. Das gleiche kannst du am Morgen kurz nachdem du aufgewacht bist machen – da ist nämlich unser Unterbewusstsein am aufnahmefähigsten. Es braucht nur 1-2 Minuten. Denk aber dran, dass ein positives Gefühl dabei wichtig ist. Stelle dir das Bild in Farbe vor und eventuell mit einigen Details. Unser Unterbewusstsein arbeitet nämlich immer für uns. Leider geben wir oft einen negativen Input und erwarten positive Ergebnisse. Das funktioniert leider nicht.

Das gilt aber nicht für Magersucht. Bitte macht das nicht, wenn ihr ohnehin schon zu wenig an Kilos habt.
Da könnt ihr zwar einiges, das euch bewusst ist beklopfen, aber ich würde empfehlen, dass ihr euch professionelle Hilfe sucht.

Einstimmungssatz

Auch wenn ich Probleme mit meinem Fettstoffwechsel habe und ich den Eindruck habe, dass einfach alles was ich esse in Fett umgewandelt wird, so bin ich doch ok und mag mich wie man sich eben nur mögen kann wenn man fett ist.

Kurzform Dieses Problem mit meinem Fettstoffwechsel.

Alternativ Dieses Problem mit meinem Fettstoffwechsel, er scheint nicht gut zu funktionieren. Egal was ich esse, alles schlägt sich irgendwie in Fett auf meinem Körper nieder. Dieses Fettstoffwechsel-Problem, ich brauch nur eine Kleinigkeit zu essen und schon hab ich es auf den Hüften. Dieser irrgeleitete Fettstoffwechsel, diese aus den Fugen geratene Figur, ich weise meinen Fettstoffwechsel jetzt an, optimal zu arbeiten und überflüssiges Fett abzubauen und ich danke ihm dafür usw.

Eventuell auch: Obwohl ich mir einen Schutzmantel aus Fett angelegt habe, bin ich doch ok ...

Auch erlauben ist wichtig: Auch wenn ich mir bis jetzt nicht erlaubt habe abzunehmen, (mein Wohlfühlgewicht, Idealgewicht etc. zu erreichen) bin ich doch ok (erlauben kannst du auch bei anderen Themen anwenden).

Oder: Auch wenn meine Verdauung nicht optimal funktioniert, mag ich mich wie ich bin.

10 Weitere Klopfvorschläge

Einstimmungssatz

Auch wenn mein Hormonstatus in der Pubertät total durcheinander ist und ich mich die meiste Zeit wütend (einsam, traurig, unwohl, aggressiv, müde etc. - setze ein was du gerade im Moment fühlst) fühle, so bin ich doch ok und bitte meinen Körper alles dafür zu tun, dass mein Hormonstatus ausgeglichen ist und ich mich energiegeladen und ganz einfach wohl fühle.

Dieses Durcheinander in meinem Hormonhaushalt. 1 Runde klopfen
Die Bitte an meinem Körper alles dafür zu tun, dass mein Hormonhaushalt ausgeglichen ist. 1 Runde klopfen

Abwechselnd – bei einem Punkt „Dieses Durcheinander in meinem Hormonhaushalt!“

Beim nächsten Punkt „Die Bitte an meinem Körper alles dafür zu tun, dass mein Hormonhaushalt ausgeglichen ist“.

Beim nächsten Punkt „Dieses Durcheinander in meinem Hormonhaushalt!“

Beim nächsten Punkt „Die Bitte an meinen Körper alles dafür zu tun, dass mein Hormonhaushalt ausgeglichen ist“ usw.

Zum Abschluss klopfe noch eine Runde mit:

„Ich danke meinem Körper, dass er meine Anweisungen optimal ausführt und der Ausgleich meines Hormonhaushalts auf angenehme Art und Weise für mich durchgeführt wird.“

Einstimmungssatz

Auch wenn mein Gesicht und auch mein Körper fallweise mit Akne übersät ist und andere mich schräg ansehen und mich Eitergesicht nennen, so bin ich doch ok und weiß, dass auch die Pubertät einmal vorbei sein wird.

Kurzform Dieses Akne-Problem

Alternativ Diese Akne, die meinen Körper entstellt, diese Eiterpickel, ich möchte gar nicht mehr in den Spiegel schauen. Ich traue mich gar nicht mehr in die Schule, alle lachen mich immer wieder aus und verspotten mich. Es macht mich traurig wenn sich (setze einen Namen ein) vor mir ekelt, mein Selbstwertgefühl ist im Keller. Ich bin so was von hässlich, ich könnte glatt einem Streuselkuchen Konkurrenz machen usw. Klopf alles was dir bezüglich des Themas in den Sinn kommt und was du fühlst! Klopfe auch deinen Hormonhaushalt! Natürlich kann es sein, dass die Akne nicht gleich abheilt, aber du wirst anders mit dem Problem umgehen können und dein Selbstbewusstsein wird nicht so stark darunter leiden. Du wirst es mit Gleichmut annehmen können – es ist halt jetzt so. Ich weiß, dass ich wieder meine schöne Haut bekomme und ich auf einem guten Weg bin!

Achte auch auf deine Ernährung. Reduziere Fast Food, Schokolade, süße Getränke Stress. Sorge für Bewegung – nach Möglichkeit an der frischen Luft. Das gleiche gilt für Übergewicht.

Auch Schüssler Salze können sehr hilfreich sein. Unterstütze deinen Körper, indem du ausreichend Wasser trinkst!

10 Weitere Klopfvorschläge

Vielleicht wiederhole ich mich einige Male in diesem Buch – das ist aber Absicht, gerade auch was Wasser trinken betrifft. Es wird zu wenig Wasser getrunken – davon nehme ich mich manchmal nicht aus. Wasser trinken hat viele Vorteile

z. B.:
- unser Gehirn arbeitet besser
- wir können uns besser konzentrieren
- auch gut für Gewichtsreduzierung (ein Glas Wasser vor dem Essen getrunken vermindert den Appetit)
- unsere Verdauung funktioniert besser
- Giftstoffe bzw. Stresshormone werden leichter ausgeschieden
- unser Herz kann besser arbeiten
- verbessert das Hautbild

11 Eigene Erfahrung

Mathematik ist ja auch ein großes Thema. Und sehr oft hat man daran eine gewisse Herangehensweise, die zwar immer wieder zum Misserfolg führt, wir aber immer so weiter machen und andere Ergebnisse erwarten. Ziemlich verrückt oder?
Da kann ich eine Geschichte aus meiner eigenen Erfahrung erzählen:

Mein Sohn hatte im Gymnasium in der Unterstufe ziemliche Probleme in Mathe. Er konnte mir zwar alles erklären aber bei den Schularbeiten rutschte er gerade mal so durch. In allen anderen Fächern klappte es ganz prima. Bei den Hausübungen/ Hausaufgaben gerieten wir immer öfter aneinander, da ich nicht verstehen konnte, dass er alles verstand und erklären konnte, es aber nicht umsetzen kann. So quälten wir uns von Schularbeit zu Schularbeit. Bis es mir einmal reichte und ich seine Mathelehrerin aufsuchte. Ich schilderte ihr die Situation und sie meinte, ich solle Abstand halten und auf einen Nachhilfe-Lehrer zurückgreifen. In dieser Zeit habe ich immer wieder meine Emotionen beklopft. Nach diesem Gespräch fasste ich den Entschluss mich rauszuhalten und gab den Impuls, dass ich einen, für meinen Sohn richtigen, Nachhilfelehrer finden möge. Kurze Zeit später las ich in einer Annonce von so einem Lehrer und habe gleich angerufen. Wir bekamen den Besten den man sich vorstellen kann. Er hat meinen Sohn dort abgeholt wo er stand. Beim zweiten Mal hat er nur zugesehen und hat auch bemerkt, dass das Wissen da war. Der Nachhilfelehrer war vielleicht 4 Mal bei uns als die nächste Schularbeit anstand. Kurz vor der Schularbeit sagte der Lehrer die Übungsstunde ab. Ich fiel zuerst aus allen Wolken! Dann überlegte ich: „Ich kann jetzt in Panik ausbrechen und herum jammern warum es schon wieder nicht klappt“. Oder ich kann meinem Sohn sagen „Dein Lehrer kann nicht kommen, aber das macht nichts – geh einfach zu deiner Schularbeit und gib ab was du kannst, vielleicht ist es ganz gut wenn der Lehrer nicht kommen kann. So können wir gleich einmal feststellen wieviel die Nachhilfe gebracht hat. Was soll ich sagen – wir haben uns über die Note 3 sehr gefreut!!

Von da an brauchte er den Lehrer nicht mehr. Und er hat sogar mit einer 1 in Mathe die Matura abgeschlossen (entspricht dem Abitur in Deutschland).

Analyse:

Was war passiert? Ich habe meinen Sohn mit meiner Unruhe und Hilflosigkeit beeinflusst. Erst als ich mich zurückgezogen habe und Vertrauen in ihn und den Lehrer zulassen konnte hat sich die Situation geändert. Ihr wisst schon, alles ist Energie und Information.

Tipp an die Eltern:

Haltet euch nach Möglichkeit mit Bewertungen zurück.

Ich bin immer davon ausgegangen, dass er es kann, aber nicht umsetzen kann. Natürlich habe ich ihn da zu einem Teil negativ beeinflusst.

Ich habe einen starken Entschluss gefasst, dass es jetzt einfach genug ist mit den Streitereien und ein passender Lehrer her muss. Ich habe gestaunt wie schnell das gegangen ist.

Und ich habe nicht panisch reagiert als der Lehrer keine Zeit hatte, sondern ich habe mich gefragt, was jetzt das Beste für meinen Sohn ist und ihn dementsprechend motiviert. Ich habe dann einfach darauf vertraut, dass alles gut gehen wird und so war es dann auch.

Ich kann den Eltern nur empfehlen, in solchen Situationen den Stress herauszunehmen, sei es durch Klopfakupressur oder andere Möglichkeiten. Vorwürfe, Streit und Schuldzuweisungen bringen gar nichts. Sie sind ganz einfach die falschen Informationen in das System des Kindes und ziehen es nur herunter.

12 Und noch eine Geschichte

Mein Sohn hatte die Angewohnheit beim Vokabel lernen herum zu gehen und nach ein paar Vokabeln schnippte er mit den Fingern und schlug mit dem Daumen in der Nähe seines Schlüsselbeins. Es war eine Abfolge, die sich immer wiederholte. Als ich meinem Trainer, Horst Benesch (Klopfakupressur) dies erzählte hat er laut aufgelacht und gemeint, mein Sohn sei schon ein Klopfakupressur-Meister. Er hat sich die Vokabeln ganz einfach in sein System geklopft. Dies ist irgendwie intuitiv passiert. Er konnte gar nicht sagen warum er das gemacht hat. Und ich wollte ihm schon diese Marotte abgewöhnen. Natürlich hat er die Vokabeln immer wieder wiederholt, aber er hat selten Vokabeln vergessen. Mit dem Herumgehen beim Lernen war er praktisch Energie in Bewegung. Ich sage jetzt nicht, dass jeder beim Vokabel lernen herumlaufen soll. Schau ganz einfach was für dich passt. Manche lernen leichter mit Musik. Finde deinen eigenen Weg heraus wie du am besten den Stoff behalten kannst.

Damit will ich auch sagen, dass Kinder sehr oft etwas machen, das für sie gut und richtig ist. Wir Erwachsene haben aber oft gar keinen Zugang zu dieser Welt und finden es nur eigenartig. Damit nehmen wir uns aber die Chance auf eine andere Sichtweise, die auch sehr bereichernd sein kann.

13 Bring Ordnung hinein

A wie Ausdauer	Fang einfach an mit dem Klopfen und bleib dran – etwas Ausdauer wird es schon brauchen.
B wie Bewertung	Überprüfe immer wieder deinen Stresspegel anhand der Skala.
C wie Chaos	Bereinige dein Gedanken- und Gefühlschaos.
D wie Dranbleiben	Gib nicht gleich auf, wenn du denkst es nützt ohnehin nichts, die Veränderungen können sehr subtil sein und wenn ein Thema sehr komplex ist und viele Aspekte hat, dann braucht es halt seine Zeit.
E wie Einstimmungssatz	Der Einstimmungssatz sollte das Thema und die Gefühle ansprechen. Er kann auch länger sein, wenn dir mehr dazu einfällt. Du kannst ihn auch vorab aufschreiben.
F wie Finden	Finde deinen eigenen Weg – sei keine Kopie von irgendjemandem.
G wie Gähnen	Wenn du klopfst, kann es sein, dass du immer wieder gähnen musst. Da musst du dir keine Sorgen machen – es lösen sich die Blockaden, es kann auch sein, dass dir danach kalt ist – wenn es unangenehm ist – kannst du auch die Kälte beklopfen. Übrigens solltest du gerade, wenn du die Klopfakupressur machst, genügend stilles Wasser trinken!!!
H wie Herz	Lass es dir nicht nehmen aus deinem Herzen heraus zu handeln.
I wie Interessen	Pflege deine Interessen, mache sie zu deinen Hobbys.
J wie Ja	Sage **Ja** zu allem was dir das Leben bringt (ja, weil es ohnehin schon da ist) und sollte es einmal etwas sein, dass du nicht haben möchtest, dann ändere es.
K wie Kurzform	Auch da sei kreativ, sage oder denke was dir zu dem Thema einfällt.
L wie Liebe	Gehe liebevoll mit dir um – denkst du, es ist liebevoll, wenn du dir ständig sagst, dass du nicht gut genug bist, dass du zu dick/zu dünn bist, dass du es einfach nicht kapierst usw.?
M wie Manchmal	Manchmal benötigt man auch etwas anderes – Klopfakupressur kann viel, aber es kann sein, wenn sich überhaupt nichts ändert, dass dein System etwas anderes benötigt. Du kannst auch klopfen, dass sich ein neuer Weg zeigt.
N wie Nein	Sag im richtigen Moment nein. Horch in dich hinein was du möchtest und entscheide dich dann für ein Ja oder Nein. (Das gilt natürlich nicht, wenn du dich fragst ob du die Schularbeit machen sollst oder nicht.) Es gilt aber wenn dich jemand unter Druck setzen will, dir Schimpfworte an den Kopf wirft, dich verspottet, dich in irgend einer Weise bedrängt die dir unangenehm ist usw.
O wie Oder	Es gibt dieses „Entweder-oder-Denken“. Ich bin eher für das „Sowohl-als-auch Denken“. Dieses Denken bietet viel mehr Möglichkeiten. Unser Leben ist nicht schwarz/weiß sondern bunt und vielfältig.
P wie Profi	Wenn du nicht weiterkommst kannst du dich auch an jemanden wenden der Klopfakupressur anbietet.

13

Bring Ordnung hinein

Q wie Quantensprung	Lass einen Quantensprung in deiner Denkweise und deiner Entwicklung zu.
R wie Reden	Rede mit Freunden, mit deinen Eltern, Lehrer etc. Kommunikation ist ganz wichtig. Sehr oft können Unstimmigkeiten dadurch beseitigt werden.
S wie Stimme	Wann immer es möglich ist und du Klopfen praktizierst, dann sprich laut dazu – sei dir bewusst, dass dein Körper mithört.
T wie Tun	Klopfakupressur beseitigt Blockaden und du wirst einen neuen Zugang und neue Sichtweisen zu deinem Thema/ Problem bekommen. Es werden sich neue Wege zeigen und du wirst ins Tun kommen müssen um Veränderungen herbeizuführen, aber sehr oft geschehen dann Dinge wie ganz von alleine.
U wie Unsinn	Glaub nicht jeden Unsinn der dir gesagt wird – du weißt schon die Sache mit dem „Ernst des Lebens" oder „alles ist schwer", „das ist kaum zu schaffen" etc.
V wie viele	Ganz viele Schüler vor dir haben es geschafft, sag mir einen Grund warum es bei dir anders sein soll.
W wie wiederholen	Manchmal braucht es etliche Klopfrunden, bleibe dran!!!
X wie „Xund" bleiben	Schreibt man natürlich nicht so, aber bei X ist mir einfach nichts eingefallen. Aber wie bleibt man gesund? Das Beste, dass du machen kannst, ist den Stresspegel niedrig zu halten. Das kannst du sehr gut mit der Klopfakupressur machen. Alles was dir in deinem Körper Schwere und unangenehme Gefühle verursacht kannst du beklopfen. Es wird dir vieles leichter fallen und dein Energielevel wird höher sein. Natürlich kannst du dann trotzdem etwas bekommen z. B. eine Erkältung – dann braucht dein Körper vielleicht gerade kein Klopfen sondern nur einfach Ruhe. Höre auf deinen Körper. Du kannst ja einfach eine Verbindung zu ihm aufbauen. Stelle dir Fragen wie: Welches Essen tut mir heute gut? Mit welcher Sportart würde sich mein Körper ausgesprochen wohl fühlen? Was brauche ich jetzt – Stille oder Freunde um mich? Welches Getränk braucht mein Körper jetzt? Wieviel Schlaf benötigt mein Körper, damit ich in der Schule fit bin?
Y wie Handy	Surft nicht nur in euren Handys herum, sonst geht das Leben an euch vorbei. Dieses findet nämlich nicht in dem kleinen Kästchen statt sondern draußen. Und selbst erleben ist allemal schöner.
Z wie Zettel	Du kannst auch ein Thema, das dich beschäftigt, auf einen Zettel schreiben und dann den **Einstimmungssatz**: "Auch wenn ich gar nicht laut aussprechen möchte was mich gerade beschäftigt. Ich habe daher alles auf diesen Zettel geschrieben. Weil ich es einfach nicht ertrage, mich damit auseinanderzusetzen. Weil dieses Thema mir Angst und Kummer macht, so bin ich doch ok."
Kurzform:	Dieses Angst und Kummer-Thema auf meinem Zettel. Einige Runden klopfen – wenn die Bewertung auf der Skala hinuntergeht, dann kannst du spezifischer werden und einzelne Aspekte beklopfen.

KOHL VERLAG Klopfakupressur im Schulalltag – Bestell-Nr. 12 462

14 Mixed Pickles

Diverse Einstimmungssätze

Augen: bei Kurzsichtigkeit

Stelle einen Gegenstand vor dich hin, soweit wie du ihn noch klar siehst.

„Auch wenn ich nur soweit klar sehen kann bis (setze den Gegenstand ein) bin ich doch ok." Rücke dann den Gegenstand minimal weiter weg und klopfe weiter. Mach dies öfter.
„Ich gebe mir die Möglichkeit besser zu sehen."
„Ich gebe mir die Möglichkeit ohne Brille klar und deutlich zu sehen."
„Ich habe den Mut auch in die Zukunft zu sehen."

Allergie: „Auch wenn ich jetzt diese negative Reaktion auf (setze ein) habe ... Wenn die Skalierung schon ziemlich unten ist sage auch „Die Behandlung ist vollständig und das gilt auch für die Zukunft".

Ähnlich bei Bakterien und Viren (z. B. bei Schnupfen)

Spucke in ein Papiertaschentuch, halte es an deinen Körper und klopfe.

„Auch wenn ich diese Reaktion auf diese Substanz habe ..."
„Auch wenn ich diese negative Reaktion auf diesen Schleim habe ..."

Wenn das Gedächtnis nicht gut funktioniert (Kopf mit Computer vergleichen).

„Auch wenn ich auf meiner Festplatte momentan nichts finde, bin ich ok und schalte jetzt mein Suchprogramm ein."

Es ist auch möglich, in der Ich-Form für jemand anderen zu klopfen. Vorher aber immer denjenigen fragen ob ihm das recht ist.

z. B. Anfang: Ich bin jetzt David.
Ende: Ich bin jetzt wieder ich oder den eigenen Namen sagen.

Du bist ok wie du bist. Sei dir bewusst, dass es eine Energiestörung ist, die dich gerade beeinflusst.

- „Auch wenn da Tränen sind, ist es ok ..."
- „Auch wenn da Schmerz ist, ist es ok ..."
- „Auch wenn ich das nicht annehmen kann, bin ich ok ..."
- „Ich gebe mir die Chance mich zu akzeptieren so wie ich jetzt kann."

Mach dir bewusst, dass es einen Unterschied macht wenn du sagst ich muss Mathe, Deutsch, Englisch etc. lernen oder **ich will es lernen**.

Arbeite auch mit Bildern – eine Fee nimmt den Schmerz mit, Supermann befördert den Schreck, der in den Zellen sitzt, auf ein Hochhaus etc.

Bei Aufregung vor einer Prüfung stelle dir eine liegende Acht vor und klopfe.

Je spezifischer du ein Thema benennen kannst umso besser werden die Ergebnisse sein.

Wenn ein Hauptaspekt aufgelöst ist, lösen sich sehr oft Nebenaspekte von alleine.

14

Mixed Pickles

Diverse Einstimmungssätze

Sei ausdauernd. Gib nicht gleich auf – manchmal muss man dranbleiben oder das Ergebnis zeigt sich erst in den nächsten Tagen.

- „Auch wenn ich Angst vor einem Schulwechsel habe ..."
- „Auch wenn ich jetzt total verunsichert bin, wenn ich jetzt die Schule wechseln muss, weil ich nicht weiß was da auf mich zukommt ..."
- „Auch wenn ich frustriert bin, wenn ich daran denke, dass ich all meine Freunde nicht mehr sehen werde ..."
- „Auch wenn es mich ärgert, wenn ich jetzt in diese verhasste Schule gehen muss ..."
- „Auch wenn ich mich vor den fremden Lehrern fürchte ..."
- „Auch wenn mich (setze den Namen des Lehrers oder der Lehrerin ein) nicht leiden kann ..."
- „Auch wenn mich (Name des Lehrers) in jeder Stunde aufruft und ich nicht die leiseste Ahnung von dem Stoff habe den wir gerade durchnehmen ..."
- „Auch wenn ich mich schäme, wenn ich nur daran denke wie mich der Lehrer vor der ganzen Klasse lächerlich macht ..."
- „Auch wenn mir die Angst die Kehle abschnürt, wenn ich nur den Lehrer über den Gang kommen sehe ..."
- „Auch wenn die anderen zu mir Streber/Streberin sagen und ich ihren Neid in meinem Magen spüre, so weiß ich doch, dass ich ok bin genauso wie ich bin."
- „Auch wenn ich eine Stinkwut auf (setze den Namen ein) habe, weil er schon wieder ... gemacht hat bin ich doch ok."
- „Auch wenn ich schon wieder eine 5 in dem Geschichtetest geschrieben habe, weil ich mir den ganzen Mist nicht merken kann und er ganz einfach nicht in meinen Kopf hinein will, bin ich doch ok."
- „Auch wenn mir Mathe (Deutsch, Geschichte etc.) so schwer fällt und ich den Eindruck habe als würden sich alle Zahlen (Buchstaben) gegen mich verschworen haben ..."
- „Auch wenn mir Deutsch so schwer fällt und ich viele Rechtschreibfehler habe und ich es ganz einfach nicht verstehen kann, und ich große Angst davor habe Fehler zu machen ..."
- „Auch wenn ich Angst habe vor dem Turnunterricht, weil diese Ringe und der Bock eine unüberwindliche Hürde für mich sind und ich mich immer wieder blamiere ..."
- „Auch wenn ich viel lieber Fußball spielen würde als zu lernen ..."
- „Auch wenn ich dieses Klopfen total blöd finde ..."

Rede wie dir der „Schnabel" gewachsen ist - die eigenen Formulierungen sind oft die Besten. Auch im Dialekt.

- „Auch wenn ich glaube für die Schule und nicht für mich zu lernen, bin ich doch ok und kann vielleicht doch sehen, dass eine Ausbildung für mein weiteres Leben sinnvoll sein kann."
- „Auch wenn ich mein Zeugnis verhaut und eine Nachprüfung habe ..."

Klopfakupressur im Schulalltag – Bestell-Nr. 12 462

14 Mixed Pickles

Diverse Einstimmungssätze

Klopfe alle Aspekte die die Nachprüfung betreffen.
Die Angst vor der Nachprüfung, es nicht zu schaffen, Angst vor dem Versagen, die Unlust zum Lernen, die Schuld und Scham versagt zu haben. Bei der Prüfung selbst kannst du die Punkte mit dem Daumen an der Hand leicht berühren. Konzentriere dich aber nicht auf die Punkte, sondern auf deine Arbeit. Wenn du spürst, dass du ruhig und konzentriert bist, kannst du damit aufhören.

Gruppendruck, Rauchen, Alkohol, Drogen, Handy, Social Networks

Frage dich warum du rauchst, trinkst, stundenlang am Handy hängst.
Welches Bedürfnis wird nicht erfüllt und du brauchst einen Ersatz?
Ist der Gruppendruck zu hoch und du möchtest ganz einfach nur dazu gehören?
Vielleicht machst du dann etwas was du gar nicht möchtest. Wirklich mutig ist aber zu sich zu stehen und für die eigenen Bedürfnisse einzustehen.
Was willst du wirklich oder was vermisst du?

Weitere Klopfvorschläge, aber denke daran, dass du am besten weißt was in dir vorgeht.

- „Auch wenn ich nicht dazugehöre, wenn ich keinen Alkohol trinke und mich das wirklich schmerzt, so weiß ich doch, dass ich ein toller Bursche/tolles Mädchen bin."
- „Auch wenn ich mich ausgeschlossen und einsam fühle wenn sich die anderen nieder saufen und ich mit meiner Cola daneben sitze, so bin ich doch ok."
- „Auch wenn ich nur lustig sein kann wenn ich Alkohol getrunken habe ..."
- „Auch wenn ich nur unter Alkoholeinfluss ein Mädchen ansprechen kann ..."

Klopfe Aspekte wie ausgelacht werden, gemobbt werden, verspottet werden, als Spaßbremse betitelt zu werden etc.

Sei dir bewusst, dass Ersatzhandlungen Bedürfnisse zudecken!!

- „Auch wenn ich rauchen cool finde kann ich mich dafür entscheiden nicht zu rauchen." Abwechselnd beim Klopfen der Punkte: Rauchen ist cool.
  Ich entscheide mich dafür, nicht zu rauchen.
- „Auch wenn Rauchen (Trinken etc.) mich in einen Zustand der Vernebelung, Leichtigkeit, Offenheit bringen, so weiß ich doch, dass dies nur von kurzer Dauer ist und meine Probleme dadurch nicht verschwinden."

Klopfe jeden Punkt 5-10 mal leicht mit Zeige und Mittelfinger. Klopf nicht zu stark – das ist nicht nötig. Falls du das Bedürfnis hast bei einem Punkt länger zu klopfen, dann mache es.
Du kannst dir auch nichts „Schlechtes" hinein klopfen. Mach dir diesbezüglich keine Sorgen. Es geht um die Akzeptanz dessen was gerade ist, das Energiesystem in Harmonie zu bringen, die Emotionen auszugleichen und damit eine andere Sichtweise zu bekommen und dementsprechend handeln zu können. Wenn du nicht akzeptierst was gerade da ist, dann kämpfst du sozusagen gegen Windmühlen.

KOHL VERLAG Klopfakupressur im Schulalltag – Bestell-Nr. 12 462

Mixed Pickles

Scheidung der Eltern
(Sei dir bewusst, dass du nichts dafür kannst - manchmal ist es halt so, dass sich die Eltern nicht mehr verstehen und es nur mehr Streit gibt.)

- „Auch wenn sich meine Eltern jetzt scheiden lassen, so weiß ich doch, dass ich von beiden geliebt werde und dass ich ok bin."
- „Auch wenn meine Eltern geschieden sind und mich das sehr schmerzt, so weiß ich doch, dass diese Scheidung nichts mit mir zu tun hat und dass sie sich einfach auseinander gelebt haben."
- „Auch wenn meine Eltern sich ständig streiten, so weiß ich doch, dass das nichts mit mir zu tun hat und dass mein Vater und meine Mutter mich lieben."
- „Auch wenn ich Angst habe, weil sich meine Eltern ständig anschreien und sie sich vielleicht scheiden lassen, so bin ich doch ok."
- „Auch wenn ich mich schuldig fühle weil sich meine Eltern scheiden lassen, so bin ich doch ok."
- „Auch wenn meine Eltern geschieden sind und ich oft ein schlechtes Gewissen habe, wenn ich jeweils nur bei einem bin und ich mich bei meinem Papa (meiner Mama) wohler fühle, liebe und akzeptiere ich mich."
- „Auch wenn ich mich oft einsam und unverstanden fühle seit meine Eltern geschieden sind, bin ich doch ok und liebe und akzeptiere mich so wie ich bin."
- „Auch wenn ich oft traurig bin seit meine Eltern geschieden sind, weil nichts mehr so ist wie es vorher war. Es geht mir oft so als ob ein Teil von mir fehlt, bin ich doch ok und erlaube mir aus dieser Situation das Beste zu machen."

Baue deine Gefühle in den Einstimmungssatz und auch was du in deinem Körper spürst – wie Druck, Klosgefühl im Hals, Enge im Brustkorb etc.

Aussehen:
Da gibt es oft viel was stört, aber von anderen gar nicht so wahrgenommen wird wie wir glauben. Übertreibe ruhig bei deinen Aussagen, oft wird dir dann auffallen wie absurd du über dich denkst.

- „Auch wenn ich „Scheiße" aussehe/meine Haare zu dünn/zu dick sind, meine Füße zu dick/zu dünn sind, mein Busen zu klein/zu groß ist, meine Taille zu dich/zu dünn ist, meine Augen zu klein/zu groß sind, mein Mund zu groß/zu klein ist, meine Nase zu groß/zu klein ist ...
  So weiß ich doch in meinem innersten, dass ich ok bin so wie ich bin und ich akzeptiere mich." (Wie man sich eben akzeptieren kann, wenn man so aussieht wie ich).

Erste Liebe/Sex/Schwangerschaft:

- „Auch wenn ich Angst vor dem ersten Kuss habe ..."
- „Auch wenn ich Angst vor zu viel Nähe habe ..."
- „Auch wenn ich Angst vor Berührung habe ..."
- „Auch wenn es mich frustriert, dass alle anderen in meiner Klasse einen Freund/eine Freundin haben und ich noch nicht ..."
- „Auch wenn ich Angst vor dem ersten Sex habe ..."
- „Auch wenn ich befürchte schwanger zu sein und ich diese Angst wie einen schweren, heißen Stein in meinem Magen spüre, liebe ich mich"
- „Auch wenn ich Angst habe meinen Eltern zu sagen, dass ich schwanger bin ..."

Klopfakupressur im Schulalltag – Bestell-Nr. 12 462

14 Mixed Pickles

Beklopfe alles was hochkommt. Ändere gegebenenfalls (wenn ein anderes stärkeres Gefühl hochkommt) den Einstimmungssatz. Wenn das Gefühl anerkannt und bei 0 ist, kehre zum ursprünglichen (ersten) Einstimmungssatz zurück und überprüfe, ob da noch ein negatives Gefühl ist oder ob es bei 0 ist. Suche das Gespräch mit einer Vertrauensperson, die dir weiterhelfen kann.

Wie geht es mit der (schulischen) Ausbildung weiter?
Abitur, Matura, Lehre oder Studienwahl?

- „Auch wenn ich keine Ahnung habe, ob ich eine Lehre anfangen soll oder bis zum Abitur/Matura weitermachen soll ..."
- „Auch wenn ich jetzt schon ziemlich genug von der Schule habe und die Freude fehlt ..."
- „Auch wenn ich Angst habe davor wie es weitergehen soll ..."
- „Auch wenn dieser ganze Abistoff einfach zu viel ist und ich ihn mir kaum merken kann ..."
- „Auch wenn ich jetzt furchtbar enttäuscht bin, weil ich das Abitur/Matura nicht geschafft habe, so bin ich doch ok und werde mir alle Mühe geben, das Abitur/Matura im 2. Anlauf zu schaffen."
- „Auch wenn ich für meine Eltern eine einzige Enttäuschung bin, weil ich das Abitur/Matura nicht geschafft habe, akzeptiere ich mich."

Ich wiederhole mich – klopf einfach alles was hochkommt – sei spezifisch - achte auf deine Gefühle.

- „Auch wenn meine Mutter entsetzt die Augen aufriss als ich das Abitur/Matura nicht geschafft hatte und mir jetzt noch ganz flau im Magen davon ist ..."

Wenn du nicht weißt wie es weitergehen soll – überlege dir, was du gerne machst – wo sind deine Talente? Gibt es eine Möglichkeit deine Talente auszuleben und wenn ja in welchem Beruf? Vielleicht erfindest du ganz was Neues. Es gibt gerade in unserer Zeit unzählige Möglichkeiten. Mach dein Hobby zu deinem Beruf.

Achte auf deine Gedanken – sie beeinflussen deine Stimmungen und deine Stimmungen beeinflussen deine Handlungen.

KOHL VERLAG Klopfakupressur im Schulalltag – Bestell-Nr. 12 462

15 Wie fühlst du dich? Wie geht es dir JETZT gerade? Was ist da gerade?

Wenn du stark im Gefühl bist klopf einfach drauf los. Wenn du einige Runden geklopft hast, dann stelle dir oben angeführte Fragen und dann bilde den Einstimmungssatz damit. Du fragst dich natürlich in der Ich-Form.

Fühlst du dich

- ängstlich
- ärgerlich
- wütend
- verunsichert
- traurig
- hilflos
- beschämt
- einsam
- enttäuscht
- überfordert
- besorgt
- schuldig
- frustriert
- unzufrieden
- niedergeschlagen
- bedrückt
- blockiert
- überlastet
- wie erdrückt
- mutlos
- deprimiert
- verzweifelt
- durcheinander
- ungeduldig
- aufgeregt
- angespannt
- nervös
- unruhig
- gehemmt
- unsicher
- gestresst
- eifersüchtig
- neidisch
- entsetzt
- gelangweilt
- lustlos
- teilnahmslos
- gefühllos
- gleichgültig
- mitleidlos
- unmotiviert
- mies drauf
- empört
- trotzig
- genervt
- beleidigt
- geladen wie ein Pulverfass
- hasserfüllt
- kann das Gefühl nicht benennen
- spüre nichts
- vollkommen aus der Spur
- als ob ich ein Brett vor dem Kopf hätte
- als ob mir ein Stein im Magen liegt
- als ob ich die ganze Last des Universums tragen müsste usw.

Du kannst übertreiben mit deinen Aussagen. Wichtig ist, dass es den momentanen Eindruck von dir spiegelt. Oft muss man dann auch lachen und ein Teil der Spannung baut sich ab.

KOHL VERLAG Klopfakupressur im Schulalltag – Bestell-Nr. 12 462

15 Wie fühlst du dich? Wie geht es dir JETZT gerade? Was ist da gerade?

Falls ein neues starkes Gefühl nach oben drängt, dann bilde einen neuen Einstimmungssatz.
Wenn du auf der Skala bei 2 bis 0 bist und es geht nichts mehr weiter, überlege dir, was du stattdessen haben möchtest.

Ist es

- Sicherheit
- Verständnis
- Aufmerksamkeit
- liebevolle Zuwendung
- Eigenständigkeit
- Unabhängigkeit
- Privatsphäre
- Erholung
- Ruhe
- Stille
- Gelassenheit
- chillen
- Orientierung
- Klarheit
- Ordnung
- Gemeinschaft
- Verbindung
- wahrgenommen werden
- Akzeptanz
- Respekt
- Zusammenarbeit
- Leichtigkeit
- Freude
- Lachen
- Erfolg
- dazugehören
- inneren Frieden
- Mitspracherecht
- Entspannung
- gutes Verhältnis zu Schulkollegen
- gutes Verhältnis zu Lehrern
- Spaß
- spielen

usw.

Vielleicht ist dir nicht bewusst was du möchtest – klopfe auch das – du weißt schon „Auch wenn mir nicht bewusst ist was ich in Wirklichkeit möchte ...“

Wenn du z. B. mehr Freude haben möchtest klopfe auf die Handkante und sage „Ich erlaube mir mehr Freude und Leichtigkeit in meinem Leben.“

Kurzform: Mehr Freude und Leichtigkeit in meinem Leben

KOHL VERLAG Klopfakupressur im Schulalltag – Bestell-Nr. 12 462

16 Hilfreiche Sprichwörter

- Hebe dich hin und wieder entschlossen von der Masse ab und zeige, was in dir steckt!
- Finde heraus, was du kannst und gerne machst und wo deine Talente liegen und versuche darin möglichst gut zu sein!
- Vieles auf der Welt kommt auf eine gute Idee und einen festen Entschluss an!
- Sei offen für unterschiedliche Möglichkeiten und Wunder in deinem Leben!
- Werde erwachsen, aber pflege auch das kindliche in dir!
- Ein wahrer Freund braucht den anderen nicht immer zu verstehen, aber er hört ihm stets zu!
- Nur wer offen ist für Neues lernt jeden Tag dazu und kann wertvolle Erfahrungen machen!
- Wie du deine Zukunft planst und erwartest, so wird sie sein!
- Nicht weil es schwer ist, wagen wir es nicht, sondern weil wir es nicht wagen ist es schwer.
- „Unmöglich" heißt nur, dass man zu wenige Informationen hat und daher die Lösung noch nicht gefunden hat.
- Wer Erfolg haben will, darf keine Angst haben, Fehler zu machen.
- Auch die Pause gehört zu einem gesunden Rhythmus.
- Jeder von uns ist auf seine Weise einzigartig.
- Ein starkes, positives Bild von sich selbst ist die beste Voraussetzung auf Erfolg und Glück im Leben.
- Nimm das Leben mit Humor!
- Eine liebevolle Umarmung gibt dem Körper mehr Kraft als 2 Stunden Schlaf (ja, auch das brauchen unsere Kinder und sehr oft wir Erwachsenen auch).
- Lass Stille zu – du wirst dir so manche Medizin dadurch ersparen können.

Um gute Laune zu haben, muss man sich vergnügt aufrichten, vergnügt um sich schauen und sich so verhalten, als wäre die gute Laune bereits da. (Mache einen Test: Gehe einige Schritte in einer gebückten, traurigen Haltung und dann gehe einige Schritte aufgerichtet, Kopf gerade, Brustkorb heraus. Vergleiche die unterschiedlichen Stimmungen.) Du siehst, du kannst alleine dadurch, dass du dich aufrichtest, deine Stimmungslage positiv beeinflussen.

17 Stelle die richtigen Fragen

Stelle die richtigen Fragen
Gib deinem System Impulse
(Methode von Mircea Ighisan)

Richte deine Aufmerksamkeit in die Mitte deines Brustkorbes – zu deinem Herzen. Stelle dir Fragen. Atme nach jeder Frage bewusst aus. Du brauchst die Antwort nicht geben – sie wird von selbst kommen. Spüre! Übung ist erforderlich um gute Resultate zu bekommen.

Beispiele:

Abends:
- Wie würde es sich anfühlen, wenn ich morgen früh ganz leicht aufstehen könnte?

Morgens:
- Wie wäre es, wenn ich heute ganz tolle Erlebnisse hätte?
- Wie würde es sich anfühlen, wenn ich heute in Mathe alles verstehen könnte? Auch wenn ich es nicht ganz glauben kann. Wie wäre es, wenn es trotzdem passiert?
- Wie wäre es, wenn ich heute mal pünktlich in die Schule komme?
- Wie wäre es, wenn ich heute beim Fußball das absolute Ass bin?
- Wie würde es sich anfühlen, mit meinem Sitznachbar gut auszukommen?
- Wie wäre es, wenn ich meine Chancen erkennen könnte?
- Wie würde es sich anfühlen, wenn ich ausreichend Energie zur Verfügung hätte um den Alltag zu bewältigen und auch noch etwas für meine Freizeit übrig hätte?
- Wie würde es sich anfühlen, wenn ich heute Abend vollkommen zufrieden in mein Bett sinken würde und mich gleichzeitig auf den morgigen Tag freuen könnte?

Denk dir selbst Fragen aus ...

KOHL VERLAG Klopfakupressur im Schulalltag – Bestell-Nr. 12 462

18 Meditation- und Klopfakupressur

Du kannst diese Meditation wann immer du möchtest anwenden. Morgens, abends, während des Tages, wann immer du das Gefühl hast, dass der Stress zu groß ist. Aber auch vorbeugend, wenn nur wenig Stress und Angst in deinem System ist, kann ich dir die Meditation empfehlen. Gerade jetzt, wo das Corona Virus unseren Alltag bestimmt, empfehle ich dir die Meditation. Lies die Anleitung zuerst vollständig durch bevor du anfängst.

Setze oder lege dich hin und schließe die Augen. (Falls dir das noch nicht möglich ist, weil du zu nervös bist, klopfe ein paar Runden und fokussiere dich nur auf das Gefühl, welches du momentan in dir spürst.) Bestimme deinen Stresslevel von 0-10.
Wenn du die Augen geschlossen hast, lenke deine Aufmerksamkeit auf deinen Atem. Versuche ruhig und gleichmäßig zu atmen. Falls dies noch nicht geht zwinge dich nicht dazu. Du machst es genau richtig. Nach ein paar Atemzügen klopfe die Handkante und denke:

„Auch wenn ich momentan ganz viel Stress in mir habe und ich innerlich ganz unruhig bin, bin ich doch liebenswert (oder liebe und akzeptiere ich mich, bin ich ok, bin ich ein tolles Mädchen, cooler Junge ...)“

Wiederhole den Einstimmungssatz weitere 2 x

Dann klopfe die Punkte (die dir ja bereits bekannt sind) mit der Kurzform **„Dieser Stress“**

Nach der ersten Runde atme tief ein und aus und stell dir vor, wie der Stress über deine Füße deinen Körper verlässt. Wenn du liegst, kannst du dir auch vorstellen, wie der Stress wie eine graue Flüssigkeit aus deinem Körper fließt, durch die Matratze, durch den Fußboden und in der Erde verschwindet. Spiel damit, sei kreativ und schaue was dir gut tut.

Dann klopfe eine weitere Runde mit **„Dieser Stress“**

Mach es wie vorher – ein- und ausatmen und vorstellen, wie der Stress deinen Körper verlässt.

Und noch eine Runde mit **„Dieser Stress“**

18 Meditation- und Klopfakupressur

Ein- und ausatmen und vorstellen, wie der Stress deinen Körper verlässt.

Überprüfe jetzt deinen Stresslevel – hat sich etwas verändert?
Ist noch viel Stress da? Dann klopfe noch drei weitere Runden wie vorher.

Ist der Stresspegel gesunken, dann gehe wie folgt vor: Klopfe 3 x die Handkante und denke:

„Auch wenn ich noch immer Stress in meinem Körper habe bin ich ok und weiß, dass es an mir liegt, wie ich mit dem Stress umgehe."

Kurzform: **„Dieser restliche Stress"**

Mache es wie vorher – atme nach jeder Runde tief ein und aus und lasse den restlichen Stress aus deinem Körper fließen. Stell es dir vor. Fühle wie er heraus fließt.

Klopfe noch weitere 2 Runden und lasse jeweils den restlichen Stress aus deinem Körper fließen.

Überprüfe dann was sich verändert hat. Ist der Stresspegel gesunken? Mit ziemlicher Sicherheit. Falls nicht, klopfe noch ein paar Runden.

Dann klopfe dreimal auf deine Handkante und denke

„Auch wenn ich diese Angst in mir spüre, die mir die Luft zum Atmen nimmt, bin ich ok."

Richte die Aufmerksamkeit auf die Angst in deinem Körper, wo immer du sie spürst und klopfe die Punkte mit der Kurzform:

„Diese Angst"

Nach der ersten Runde atme tief ein und aus. Stell dir vor, wie du die Angst ausatmest und sie wie eine Seifenblase zerplatzt. (Sei wieder kreativ – lasse die Angst durch das Fenster oder den Rauchfang schweben oder wie immer du möchtest.) Verurteile deine Angst nicht – sie wollte dich nur schützen oder dich auf etwas aufmerksam machen.

Klopfe 2 weitere Runden wie vorher.

Dann überprüfe, was sich verändert hat. Ist die Angst weniger geworden? Was hat sich verändert? Falls sie noch nicht weniger geworden ist, dann klopfe noch einige Runden. Falls der Angstpegel gesunken ist, höre auf zu klopfen und stell dir vor, wie goldgelbes warmes Licht über deinen Scheitel in deinen Kopf fließt und deinen ganzen Körper erfüllt. Jede Zelle deines Körpers wird mit diesem wunderschönen Licht geflutet. Es ist die pure Lebensenergie. Spüre wie dieses Licht dich stärkt, dich beschützt und dir Vertrauen gibt. Bade in diesem Licht. Es dehnt sich über deinen ganzen Körper aus. Bleibe einige Minuten in diesem Zustand.

18 Meditation- und Klopfakupressur

Prüfe deinen Stresspegel! Was hat sich verändert? Wie fühlst du dich?
Haben sich Stress und Angst verabschiedet? Wenn ja, Gratulation!
Wenn nicht – kein Problem. Klopfe noch ein paar Runden.

„Auch wenn ich noch immer einen Rest von Stress und Angst spüre, liebe und akzeptiere ich mich und entscheide mich, diesen restlichen Stress und die Angst loszulassen."

(3 x Handkante)

Kurzform: **Klopfe die Punkte und sage oder denke abwechselnd:**
„Dieser restliche Stress und die Angst."
„Ich entscheide mich Stress und Angst loszulassen."
„Dieser restliche Stress und die Angst."
„Ich entscheide Stress und Angst loszulassen." Usw.

Klopfe 3-4 Runden und atme nach jeder Runde tief durch. Dann komme langsam wieder zurück. Öffne deine Augen, strecke dich und mache vielleicht etwas, das dir Freude bereitet. Falls du nicht gleich das Ergebnis hast, das du dir vorgestellt hast, sei nicht traurig. Mach die Meditation täglich über 2 Wochen und sieh dann wie gut sie dir tut. Sie dauert nicht länger als 15-20 Minuten. Vielleicht möchtest du sie beibehalten und zu einem täglichen Wohlfühlritual machen?

TIPPS:

Die beiden Tipps, wie du schnell die Spannung aus deinem Körper nehmen kannst stellt dir freundlicherweise Andreas Goldemann zur Verfügung.
Andreas Goldemann ist ein Intuitiv (Intuitiver) und nimmt Disharmonien oder Disbalancen auf körperlicher wie emotionaler Ebene bei Personen oder Gruppen wahr und gibt dann entsprechende Impulse um eine positive Veränderung einzuleiten.

Tipp: Du kannst die Spannung in deinem Körper über die Zunge lenken.

Wenn deine Zunge oben am Gaumen klebt, bist du angespannt.
Wenn deine Zunge zart an dem Zahnfleisch über den Schneidezähnen ankommt, befindest du dich in entspannter Aufmerksamkeit (besonders gut in der Schule).
Wenn deine Zunge locker im Mundraum unten liegt, bist du entspannt.
Wo ist deine Zunge? Beobachte dich!
Es ist wichtig zu verstehen, dass es natürlich ist, dass der vordere Teil der Zunge sich nachts am Gaumen ablegt.

Tipp: Wenn du bemerkst, dass du im Stress bist:

Das erste ist, dass du dir bewusst werden solltest, dass du im Stress bist.
Wenn deine Zunge am Gaumen klebt lass sie los.
Sag innerlich zu deinem Körper, dass er sich entspannen darf.
Berühre deinen Körper irgendwo (z. B. Oberarm) um präsent zu sein.

19 Corona–Pandemie

Sehr viele Kinder und auch Erwachsene haben unter den Auswirkungen der Pandemie gelitten oder leiden noch immer daran. Ängste, Unsicherheit, Jobverlust usw.! Diese Pandemie hat uns alle überrollt und uns gezwungen mehr nach innen zu sehen. Wie gehe ich mit meinen Ängsten um? Wie kann ich noch immer das Beste aus dieser Situation machen?

Klopfakupressur kann auch da helfen!

Nachfolgend einige Klopfvorschläge – du weißt ja schon wie es funktioniert.

- Auch wenn alles auseinander zu brechen scheint, bin ich doch ok, liebenswert etc.
- Auch wenn Angst (Panik) mir die Kehle zuschnürt ...
- Auch wenn meine Eltern ihre Angst vor mir zu verbergen versuchen und ich das Gefühl habe, dass sie mich anlügen ...
- Auch wenn es in mir wie tot ist und ich zurzeit meine Gefühle unterdrücke, weil ich sie einfach nicht spüren möchte, liebe ich mich aus vollstem Herzen ...
- Auch wenn ich mir Schmerzen zufüge, indem ich mich in die Haut ritze um mich überhaupt spüren zu können, so weiß ich doch, dass ich ein liebenswerter Mensch bin.
- Auch wenn ich mir Schmerzen zufüge, indem ich mich in die Haut ritze um mich zu bestrafen, weil ich aus irgend einem Grund, den ich selbst nicht benennen kann, glaube an all dem Mist Schuld zu sein, weiß ich tief in mir drinnen, dass es nicht meine Schuld ist.
- Es ist einfach passiert und ich entschließe mich gerade jetzt auf mich zu achten, so dass es mir gut geht.
- Auch wenn ich mich momentan wie in ein schwarzes Loch gezogen fühle und es mir die Luft zum Atmen nimmt ...
- Auch wenn sich alles nur mehr um dieses Virus dreht und ich Angst habe, dass es meine Oma (Opa, Eltern etc.) trifft bin ich ok ...
- Auch wenn ich jede Nacht Alpträume habe und immer wieder in der Nacht hochschrecke, liebe ich mich und mache mir bewusst, dass mein Unterbewusstsein meine Ängste verarbeitet und ich in Sicherheit bin.
- Auch wenn ich am liebsten gar nicht mehr hier wäre in dieser gefährlichen Welt, bin ich ok so wie ich bin und entscheide mich auch, die schönen Seiten des Lebens zu sehen.
- Auch wenn mich meine Eltern immer wieder anschreien, weil sie nervös sind und ihnen schon mal die Hand ausrutscht, liebe ich mich und erkenne, dass sie genauso von Ängsten geplagt sind wie ich.
- Auch wenn ich jetzt von meinen Freunden Abstand halten soll ...
- Auch wenn ich Angst habe in der Schule nicht mehr mitzukommen ...
- Auch wenn sich diese Lebensangst in mir ausbreitet und ich Angst habe anderen zu nahe zu kommen ...

Formuliere weitere Einstimmungssätze mit Themen die dich stressen. Vielleicht ist es einfach nur der ganze Mist, der mit der Pandemie zusammen hängt. Die Kurzform, wenn du die Punkte klopfst, kannst du jetzt sicherlich schon selbst bilden.

Wenn du starke Ängste hast, bitte deine Eltern, dass sie fachliche Hilfe in Anspruch nehmen. Und sich eventuell selbst beklopfen. Wenn Erwachsene ihre Ängste abbauen wirkt es sich positiv auf ihre Kinder aus.

20

Notizen

Formuliere den Einstimmungssatz dahingehend wie du dich fühlst und welches Thema ansteht. Beachte die unterschiedlichen Aspekte. (Kopiervorlage)

Einstimmungssatz: ______________________________

____

____

____

Skala von 0-10

Kurzform: ______________________________

Einstimmungssatz: ______________________________

____

____

____

Skala von 0-10

Kurzform: ______________________________

Einstimmungssatz: ______________________________

____

____

____

Skala von 0-10

Kurzform: ______________________________

21 Noch 2 Tipps / Danksagung

Das Glück im Leben hängt von den guten Gedanken und Gefühlen ab, die man hat.

Frage Dich in jeder schwierigen Situation:

Was würde der stärkste, mutigste, liebevollste Teil meiner Persönlichkeit jetzt tun?

Und dann tue es. Tue es richtig, und zwar sofort.

Dan Millmann

Danksagung:

Bedanken möchte ich mich bei meinem Sohn, der mich durch die Themen in der Schule zur Klopfakupressur gebracht hat. Dank an meinen Trainer Horst Benesch, der mir auf sehr einfühlsame Art und Weise, mit Humor und Geduld Klopfakupressur nahe gebracht hat. Mein Dank gilt auch den vielen Trainern, die mich durch die unterschiedlichsten Energie- und Bewusstseinsmethoden begleitet haben. Ich hatte wirklich Glück, bei sehr verantwortungsvollen Menschen gelernt zu haben.

Vielen Dank auch an Martina für die Durchsicht meines Manuskriptes, ihre aufbauenden Worte und ihre Geduld, da ich mit „das" und „dass" anscheinend in letzter Zeit etwas auf „Kriegsfuß" stehe.

Smileys

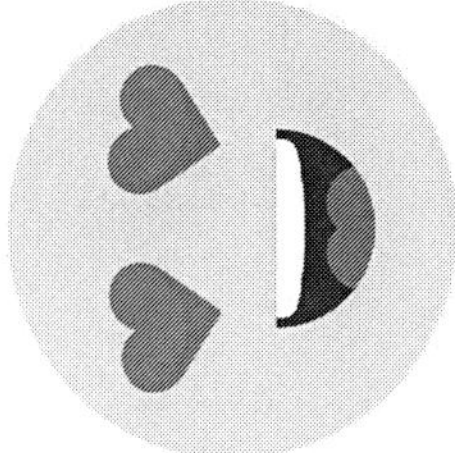
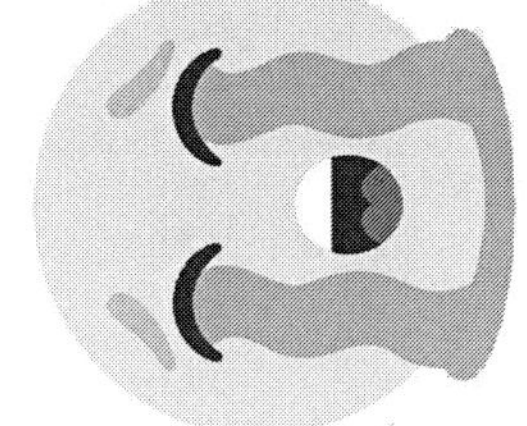

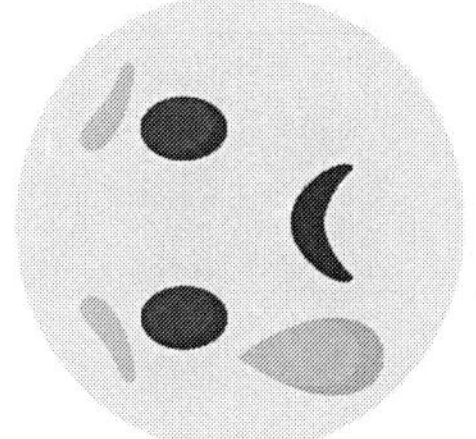

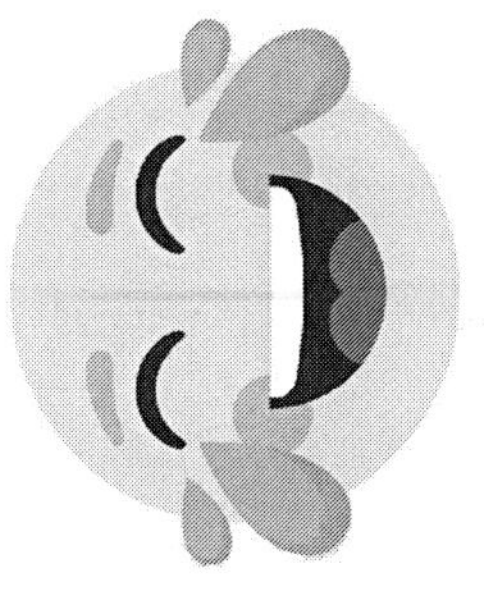

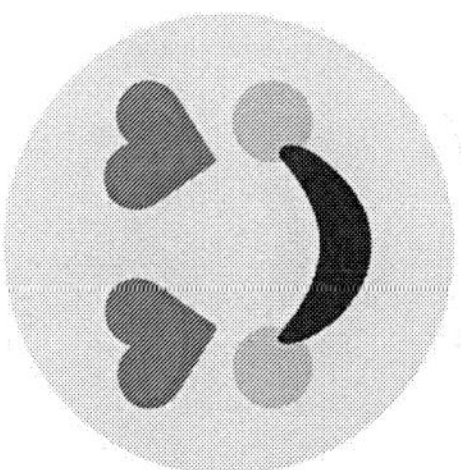

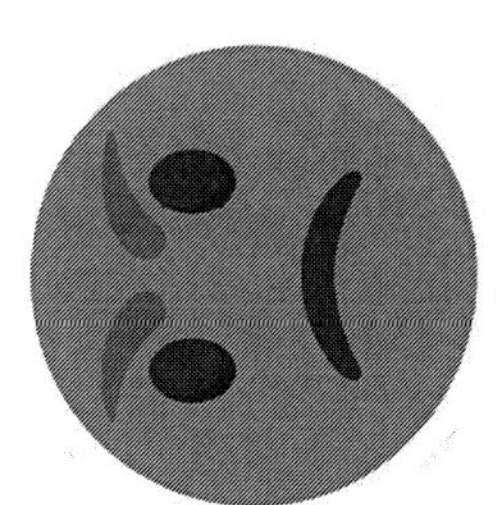

23 Meine Ausbildungen in Seminaren und Workshops

1999	Mentaltraining I und II	Lebensschule Dietrich
2000	Reiki Usui System (erster Grad)	Ingrid Maria Neubauer
2001	Reiki Usui System (zweiter Grad)	Ingrid Maria Neubauer
2003	NLP Kompakt & Trinergy	Trinergy International
2005	Silva Methode	Silva International Inc.
2007	Touch for Health I - IV	Österreichische Akademie für Kinesiologie und Gesundheit
2007	EFT-Workshop Level 1	Horst Benesch
2007	Die Anwendung von EFT bei Kindern	Horst Benesch
2009	Psych-K Basic	Medicus Evolution
2010	Psych-K Advanced	Klaus P. Medicus
2010	Quanten Bewusstseinstransformation (2 Punkt Methode)	Andrew Blake
2010	Matrix Resonanz 1	Thomas Prückler
2010	Matrix Resonanz 2	Thomas Prückler
2011	Matrix Resonanz 3	Thomas Prückler
2013	Walking in your shoes	Regina Hauser
2015	Hypnosekurs	Institut für Hypnoseforschung und Mentaltraining Franz Pissinger
2017	Entdecke deine medialen Fähigkeiten nach Christa Bredl	Dr. Eva Sommer Mag. Martina Seiner
2020	Ausbildung zum zertifizierten Energiecoach	Vadim Tschenze
2020	Ausbildung zum zertifizierten Planetencode-Coach	Vadim Tschenze
2020	Quantum Entrainment (Zertifiziert)	Frank Kinslow
Webinare		
Phoenix Rising		
Dein Leben zur Freiheit		
Komm lass uns fliegen		
Work smart		
Ho´oponobono (div. energetische und Bewustseinsmethoden)		Mircea Ighisan Matrix Transformation
ab 2016 Webinare		
Zurück zum Ursprung		
Die Kraft der Ahnen		
Ankommen in der Tiefe deines Seins		
Heute ist ein guter Tag		
Einklang in der Tiefe deines Seins		
Der Schlüssel zur Freiheit		
Claim your Brain		
Happy Home		
Du bist genug!		
Leben im Flow!		Andreas Goldemann

KOHL VERLAG Klopfakupressur im Schulalltag – Bestell-Nr. 12 462